著名自主管理教育专家、方法学家吴甘霖接受中央电视台采访

在进行大型讲座的吴甘霖，分享“青少年如何学会对青春负责、对人生负责”

吴甘霖在全国数百所学校进行讲座，推动千万青少年学会“自我负责，自我管理”

教育名城衡水，一万多名学生与老师、家长共听吴甘霖讲座的壮观场面

吴甘霖与成长中的学生们一起交流、一起欢笑

吴甘霖在清华大学进行讲座

吴甘霖应母校武汉大学邀请，与校友们分享成长智慧

吴甘霖向学生赠送自己的作品

吴甘霖深入太行山区，因为学校没有礼堂，就在一辆货车搭成的“讲台”上进行讲座

家长经常将吴甘霖的著作送给自己的孩子学习

吴甘霖的讲座生动活泼，实用有效。各地纷纷邀请他进行讲座

吴甘霖在北京书市上分享如何培养“自觉型”孩子

吴甘霖作为主讲嘉宾，在中国培训论坛进行演讲

吴甘霖开办首届北京白领成功训练营，吸引了包括联想集团人力资源总监在内的许多人士参加，新浪网开设专栏进行连续报道

吴甘霖受中国移动邀请，为“百万天使成长计划”授课

吴甘霖
自主管理
教育丛书

RANG QINGCHUN CHENGWEI NI DE
DI ER CI CHUSHENG

让青春成为你的第二次出生

吴甘霖◎著

Jieli 接力出版社
Publishing House

图书在版编目（CIP）数据

让青春成为你的第二次出生 /吴甘霖著. — 南宁：接力出版社，2017.9
（吴甘霖自主管理教育丛书）
ISBN 978-7-5448-5034-6

Ⅰ.①让… Ⅱ.①吴… Ⅲ.①自我管理—青少年读物
Ⅳ.①C912.1-49

中国版本图书馆CIP数据核字（2017）第191514号

责任编辑：楚亚男　　美术编辑：林奕薇　　封面设计：林奕薇
责任校对：杜伟娜　　责任监印：刘　冬
社长：黄　俭　　总编辑：白　冰
出版发行：接力出版社　　社址：广西南宁市园湖南路9号　　邮编：530022
电话：010-65546561（发行部）　传真：010-65545210（发行部）
http: //www.jielibj.com　　E-mail: jieli@jielibook.com
经销：新华书店　　印制：大厂聚鑫印刷有限公司
开本：880毫米×1250毫米　1/32　　印张：8.75　　插页：1　　字数：180千字
版次：2017年9月第1版　　印次：2017年9月第1次印刷
印数：00 001—50 000册　　定价：28.00元

目 录

序言 站起来的青春是最美的青春 张坤 1

自序 当自己人生的主人翁 5

第一章 不当生命的主人，就做生活的奴隶 1

（你该怎样从根本上对人生负责？）

一、理想人生，从“第二次出生”开始 3

二、站起来的青春，才是值得过的青春 11

三、当你开始当生命的主人，你就不再是生活的奴隶 16

四、人生只有三件事 20

五、没有“人死观”，哪来“人生观”？ 26

六、从“玩物丧志”到“玩物尚志” 34

第二章 身无分文，敢与天下斗富 41

（如何培养积极心态，创造成长奇迹？）

一、钱穷穷一阵，心富富一生 43

二、断言“我不行”有着最大的傲慢 51

三、心不难，事就不难 58

四、改“尽力而为”为“全力以赴” 64

五、制心一处，无事不办 71

六、心能宽一寸，路便宽一丈 77

第三章　自己的事情自己做，自己的责任自己扛　83
（你该如何做自己成长的主人？）

一、也许有人能为你提供天空，但无法提供你腾飞的翅膀　85
二、要想有出息，先治“巨婴症”　93
三、先忍受寂寞再成为高手　100
四、总从别人身上找原因，你永远不能进步　107
五、命运在自己手里，不在别人嘴里　115
六、培养“结果思维”，选择决定命运　121

第四章　没有白吃的午餐，也没有白流的汗　127
（成长的代价是什么？）

一、要成“天才”，先当“地才”　129
二、苦想没盼头，苦干有奔头　134
三、不怕“丢脸”，才会“长脸”　140
四、不留退路，才有出路　147
五、如果你过于珍惜羽毛，你将失去翅膀　152

第五章　一流主动，二流被动，三流不动　159
（机会之神偏爱谁？）

一、不要别人逼，自己就做好；不必别人问，自己早做好　161
二、机会没来时，我宁愿蹲着；机会出现时，我得在场　167
三、弱者被动等待，强者主动创造　173
四、从“适者生存”到“试者生存”　179
五、当上帝送一份特别的礼物给你时，往往以问题做包装　187

第六章　要埋头苦干，还要抬头巧干　193

（成功到底有没有捷径？）

一、方向是金，方法是银　195

二、学会“不耻上问”　200

三、走自己的路，也听听别人怎么说　207

四、失败乃成功之母，总结乃成功之父　215

五、只要思想不滑坡，方法总比问题多　222

第七章　千万不要当“草莓族”　229

（如何应对逆境与挫折？）

一、面对充满挑战的世界，你的“玻璃心”不值钱　231

二、越能适应世界，越能影响世界　238

三、困难是弱者的“绊脚石”，却是强者的“奠基石”　245

四、要志气用事，不要意气用事　252

五、挫折不是失败，而是重新学习的机会　259

序言　站起来的青春是最美的青春

张坤（中国青年报社社长、总编辑）

一口气读完吴甘霖的《让青春成为你的第二次出生》，还在回味时，偶然瞥见一则当天的新闻，说的是一位高考生华山遇难，经调查，该考生曾在网络空间里留言欲轻生。

不时看到这样的新闻，心中总有一种揪心的痛：如果这些成长中的青少年，能早日读到吴甘霖的一些书，或者参加他的成长教育和生命教育分享课，不仅不会发生上述这样的悲剧，也会少走许多不必走的弯路，还会成长得更加健康与灿烂吧。

认识吴甘霖这么多年，他的著作等身令我钦佩不已，但令我更加敬重的，他总是“活”出自己的阳光，照亮一个个认识和不认识的青少年。而曾经作为《中国青年报》优秀记者的他，除了对成长中的青少年非常了解外，会讲故事也成为他写作有关著作的一大特点与优势。如在本书中，他谈到一位受到点挫折本想自杀的女生，仅仅因为看到做清洁工的母亲忙碌之余用一段小黄瓜“自然美容”而放弃。那一瞬间，女孩既震惊又感动：她没有想到，每天为生活而操劳的妈妈，对生活从来没有抱怨，而且还这样热爱生活。相比之下，自己的那些烦恼又算什么呢？这位学生从此再也没有过自杀的念头，而且更加发奋，最终考上理想的大学。她在文章中写道：“面对同样的生活，可以有不同的理解。我没有料到，妈妈手中的一段小黄瓜，竟然救了我一条命。其实与其说是黄瓜，不如说是妈妈那种笑对生活的态度，把我救了。”

书中这样一个个生动的故事，让广大青少年遇到问题时，能因此得到启迪，更好地面对和解决。这样的青少年励志读物，是不是更容易受到大家欢迎呢？

在本书中，吴甘霖一直贯穿着一个主旋律：“站起来。”什么叫作“站起来”，在该书的封面，他以一句通俗的话做了生动的表述：“不再依赖了，你就长大了。”他的一次亲身经历，更可以为许多青少年提供直接借鉴：

吴甘霖十六岁从湖南一个小山村考上武汉大学，第一次离开家乡。父亲送他上大学，先坐长途汽车，然后又改乘火车，到了武汉。下面就只差送他到学校了。但出乎意料，父亲却说只能送他到这里了，让他自己去学校。这样的做法，让他无法理解。父亲却微微一笑说：“我十三岁就成了孤儿，开始走自己的路，莫非你十六岁还不敢走自己的路吗？下面的路该你自己走了。”于是，吴甘霖就自己一个人赶去学校了。

吴甘霖讲的这段亲身经历，以及他在本书所阐述的这个主题——“让青春成为你的第二次出生”，对当今的千万青少年具有很大的引导和参考意义。多年以前，《中国青年报》就刊登过一篇文章《“抱大的一代”使人担忧》，说的是我们不少家长，习惯于将孩子抱着不肯放下，而不少青少年，早就该去承担该承担的责任，却也习惯让大人“抱着”。这种“抱着”的态度会导致什么结果呢？从小处讲，是延迟和阻碍了青少年的成长；从大处讲，是对国家和民族的发展不负责。

所以，我们的确要倡导更多的青少年“站起来”，在承担自己责任的基础上更多地承担对他人的责任，这正是时代对我们的呼唤与要求。

吴甘霖在本书中强调："年轻时候不站起，难道要躺着过一生？"可谓振聋发聩。他进一步提出："理想的人生，总从'第二次出生'开始。"——"第一次，是肉体生命的出生，第二次，是自主生命的再生。"上述观点有着很紧密的逻辑关系：所谓第二次出生，就是要学会顶天立地站起，就是要把命运掌握在自己手里，通过自我负责的方式，去活出自己想要的人生。

站起来的青春是最美的青春！即便身体残疾，身患尿毒症，作为作家的史铁生也从未放弃过生的希望，从未放弃过做一个堂堂正正站起来的大写的人。这种精神上首先要站起的积极态度，是一种最值得倡导的人生态度，它会支撑起生命的重量，让人生放出辉煌灿烂的光芒。我认为，这样的精神，应该成为青少年发展的主旋律。

阅读此书，我不由得想起当初吴甘霖离开《中国青年报》的情景。那是参加一次"两会"报道，我和吴甘霖住在同一宿舍彻夜长谈，在他拿到中国新闻奖等殊荣时，他却选择离开报社自己去开创新的事业。当时他生了一场大病，读到池田大作的一句话："为追求哲学飞走的密涅瓦的猫头鹰现在还没有归来，丧失人生哲学的时代太长太长了。"他认为，这句话不仅指出了哲学在当代的尴尬和危机，同时也给了他启迪，让他去探索一条新的人生道路。之后，他离开了报社，利用所有能够利用的时间，沉浸于东西方各种流派的思想中，同时又根据时代的特点与自己的感悟，来探究有关21世纪人类应该具备的各种智慧。

摆在大家面前的这本书，应该是他离开《中国青年报》

后，以另一种姿态向成长中的青少年献上的一份重礼吧。本书的观点可谓精彩纷呈，如“不当生命的主人，就做生活的奴隶”，“要想有出息，先治‘巨婴症’”，“方向是金，方法是银”，“走自己的路，也听听别人怎么说”……既让人耳目一新又给人足够启示，与此同时，还有不少生动的案例和有效的方法。这些，都可以成为解决青少年成长问题的“良药”，也成为让他们更好成长的“补品”。

青春，是人生最美好的时期，也是无法回避的迷茫期、困惑期、挣扎期。《因为痛，所以叫青春》《谁的青春不迷茫》等一系列与青春有关的读物的畅销，正缘于说出了青春的痛点，引起了许多青少年的共鸣。但是，面对痛苦与迷茫，我们要勇于去面对，更要有方法去解决。

而吴甘霖的这本《让青春成为你的第二次出生》，不仅紧紧抓住了“自我负责”这个关键点，而且从七大方面，让大家在最美的青春时光去掌握对自己一生有用的智慧与方法。我相信：这本书，会成为广大青少年很好的成长伙伴，一旦拥有，受益终身。我甚至冒昧地预言：这本书，也许会成为影响一代人的文字。

祝愿更多的青少年读者因读此书而获益，更好地“站起来”，活出最美的青春、最美的人生。

自序　当自己人生的主人翁

和时下许多青少年一样，我在自己的青春时代，也是一方面追求着理想，一方面经历着不少迷茫与挣扎。所以有一天，我读到冯至为所译里尔克的名著《给一个青年诗人的十封信》所写的序言时，不由得怦然心动：

“人们爱把青年比作春，这比喻是正确的。可是彼此的相似点与其说是青年人的晴朗有如春阳的明丽，倒不如从另一方面看，青年人的愁苦、青年人的生长，更像那在阴云暗淡的风里、雨里、寒里演变着的春。因为后者比前者更漫长、沉重而更有意义。”

为什么这几句话会强烈打动我呢？是它在说明了青春十分重要的同时，更披露了一个真理：美好的青春，其实是在奋斗与挣扎中，所经历的一次脱胎换骨的蜕变。迷茫与痛苦常常与青春相伴，如何让自己实现这一蜕变，打下一生成功与幸福的基础，其实是摆在每个青少年眼前的重要课题。

摆在读者面前的这本书，是我对这一课题的认真回答。这其中，包括了我自己在青春时代深藏泪与汗的切身体会，也有我在《中国青年报》担任记者时对青少年问题的研究，还有最近几年我在全国进行青少年成长教育讲座时的感悟。正如本书书名所言，青春，应该是你的第二次出生。与第一次出生只是肉体生命的出生相比，第二次出生就是自主生命的再生，就是要牢牢把命运握在自己手里，当自己人生的主人翁。

当自己人生的主人翁，首先是一种责任。我们都是没被征求意见来到这个世界的，而不得不离开这个世界时也不会被征求意见。我们唯一能做也应该做的，就是尽早自立，牢牢掌握自己的命运。通过研究，我们不难发现：一生中最重要的就是青春时期，这时候确定的人生观、价值观以及所培养的其他各方面素养，会决定人的一生。如比尔·盖茨，在中学时期就有了正确的人生观并开始进入后来影响世界的研究领域，这直接造就了他后来的成就。我们看到这种榜样的时候，也该有这样的责任心与紧迫感。

当自己人生的主人翁，也是一种可能。在研究许多名人的成长历史时，最打动我的，多是那种从普通人成为成功人士的故事。如著名歌星、影星刘德华，是多少青少年追逐的偶像。但大家想象不到，当初他也是“追星族”：电影偶像是周润发，歌星偶像是林子祥。与许多只知道追星的年轻人不一样，他追星是追“星的精神”，从周润发那里学到“努力，什么都有”，通过“不耻上问”，他又从林子祥那里得到悉心指点，最终也成了别人所追的星。我将这样的故事用在书中，希望广大青少年读者具备当自己人生主人翁的信心：你完全可以不必活在他人的影子中，而要活出自己的阳光。

当自己人生的主人翁，更是一种全方位的实践。这就需要从空洞的口号中走出来，落实到具体的实践上。为此，本书在七个方面，总结了成为自己人生主人翁的关键，让广大青少年可以全方位训练与提升：

第一章，“不当生命的主人，就做生活的奴隶”，就是要处理好生命与生活的关系，不再在生活中随波逐流。要做到这点，就得做一个“站起来”的人。记得有一年四川高考的作文题就是《站起来才能拥抱世界》。这的确是人生的至理。因为站起来的人生，才是理想的人生；站起来的青春，才是值得过的青春，也才是最美的青春。

第二章，“身无分文，敢与天下斗富”。成长中的青少年，大多缺乏较好的外在条件，但钱穷只穷一阵，心富却能富一生。培养了积极的心态，做到了心灵的富有，就可能创造一切的富有。

第三章，“自己的事情自己做，自己的责任自己扛”，这是要把对自己负责落到实处。什么叫作长大？不再依赖了，你就长大了！当你不再把该自己承担的责任推给别人的时候，你就会与生活中常见的“巨婴症”告别，成为一个优秀甚至顶天立地的人。

第四章，“没有白吃的午餐，也没有白流的汗”。成长必须付出必要的代价。一方面，你不付出就不会有收获，另一方面，付出了就值得。当明白这两点之后，你是不是愿意做个不断努力的人呢？

第五章，“一流主动，二流被动，三流不动”。机会之神偏爱谁？毫无疑问是偏爱主动而不是被动，更不是不动的人。请记住乔丹的名言：“主动不主动，相差一百倍。”

第六章，“要埋头苦干，还要抬头巧干”，这是让你更有效率。我们倡导努力，但是绝不提倡低效或无效的努力。方向是金，方法是银。当你在埋头苦干的同时还能抬头巧干，你就找到了成功的捷径。

第七章，千万不要当“草莓族”。没有谁的成长会一帆风顺，可遗憾的是，一些青少年有如草莓，表面看起来光鲜，但不抗压，无法应对逆境与挫折。困难与问题是弱者的“绊脚石”，却是强者的“奠基石”，优秀的人才，往往是在敢于挑战逆境和解决问题中成长。

上述七章，可以称为真正对自己负责的“七大成长法则”。

成长励志书该如何写？我想离不开八个字：好看，管用，合乎情理。我自觉地将这“八字方针”应用到本书的写作中。要“好看”，除了要有生动的故事外，就必须从空话套话中解放出来，多讲一些有真知灼见的观点，甚至让观点“性感”起来，这正是本书具有一点“麻辣”特色的原因。要“管用”，一是要与青少年的成长问题挂钩，二是要提供具体有效的操作方法。而要“合乎情理”，就是要充分考虑到成长中的青少年的特点，不要站在“过来人”的角度板起脸来教训青少年。在本书中，我有一些观点，如“从‘玩物丧志’到‘玩物尚志’”，“走自己的路，也听听别人怎么说”，等等，都是把握着这个原则，料想青少年读者应该更容易接受。

是的，在最美的青春时光学会自我负责，当自己人生的主人翁，是最重要也是最美好的事情。当你以这作为基础去实现“第二次出生”，完全可能会创造并领略到一生的辉煌与灿烂。

谨以此书献给我那在迷茫中奋斗并获得突破的青春时代，也献给期望活出成长与生命奇迹的每一位青少年。

第一章
不当生命的主人，就做生活的奴隶

（你该怎样从根本上对人生负责？）

一、理想人生，从“第二次出生”开始

二、站起来的青春，才是值得过的青春

三、当你开始当生命的主人，你就不再是生活的奴隶

四、人生只有三件事

五、没有“人死观”，哪来“人生观”？

六、从“玩物丧志”到“玩物尚志”

一、理想人生，从“第二次出生”开始

自己的命运应该由自己创造。

——俄国作家　契诃夫

希望这个标题没有雷倒你。

众所周知，每个人都只能有一次生命，再了不起，也没法让自己出生两次。

我向你讲的这个观点，其实有特定的含义：假如站在成长的角度来思考，一个人就必须有两次出生——

第一次，是肉体生命的出生。

这由不得你决定，是母亲把你生下。

第二次，是自主生命的再生。

这来自你的决定和努力。也就是说，从此刻开始，你得学会离开别人的怀抱去成长，对自己负责，做自己人生的主人翁。只有这样，你的生命才会真正绽放属于自己的光芒。

这是前不久我与一些青少年学生交流时的观点，也是我要向众多成长中的年轻人尤其是学生分享的切身体会。

第一，人生最重要的一课：你得“生下你自己”。

前不久，我在全国进行“好学生如何自我管理与自我保护”的系列讲座，刚刚回到北京，就接待了一批来自母校的师弟、师妹。为完成一项“青少年如何适应社会”的调查，他们问我，在我的成长和发展过程中，哪一件事情最重要。

我不由得想起了许多事，但首先浮现眼前的，是我十六岁时第一次离开家乡，父亲送我上大学的那一天。

我的家乡在湖南一个很偏僻的小山村，是县里最穷困的地方。在上大学之前，我没有坐过公共汽车，甚至连二十公里外的小镇都没有去过。

父亲送我上大学。我们先坐长途汽车，然后又改乘火车，终于到了九省通衢的武汉。下面就只差送我到学校了。但出乎意料，父亲却对我说：

“我就送你到这里了。你自己去学校吧！”

我大吃一惊，十分不解。一看我这模样，父亲微微一笑，说：“下面的路就该你自己走了。我十三岁就开始走自己的路，莫非你十六岁还不敢走自己的路吗？”

父亲的话，对我有如当头棒喝。这一刻，父亲艰苦的人生立即浮现在我的眼前。父亲十三岁时双亲逝世，忍受着独自面对人生的孤独和痛苦。在生命中的每个阶段，父亲总是以无比的忍耐和坚韧迎接挑战，走过一段段艰苦的路程，终于把我们养大，而且以自己的威信赢得了人们的尊敬。

于是，在武汉火车站，我一下子成了一个举目无亲而且必须自己去找路的人。父亲坐当晚的火车回家，留给我一个毅然决然的背影。

武汉火车站那父子分别的一幕，极为短暂，也没有观众，却是我一生中最重要的成年仪式。也就是在那一天，我开始认识到我要独立去走自己人生的路。

之后，我就以一种凡事力争独立、为自己命运做主的姿态去开拓自己的人生了。开始的时候，跌跌撞撞在所难免。刚上大学不到一个月，我所有的钱和饭票，连学生证一起都被小偷偷走；毕业后第一年因为无法适应社会差点被单位辞退……但是，每当想起在武汉火车站的那一幕，我就总是不断要求自己，最终活出了自己想要的人生。

后来，我还将这段故事，写成一篇《父亲的背影》发在《家庭》杂志上。在文中，我把自己的故事与著名作家朱自清所写的《背影》做了一个对比：朱自清爸爸的背影，让作家和我们看到父爱的深厚，而我父亲的背影，则成为能让我自强自立的动力。

是的，漫漫人生路，自己的路得学会自己独立地走。家长得学会放手让孩子自主成长。与此同时，作为青少年的你，更得通过自我奋斗、自我负责，去活出自己理想的人生！

开始勇于为自己的命运负责，就是自主生命的再生，就是“生下你自己”。这是人生最重要的课程，也是送给自己最好的礼物。

第二，年轻时候不站起，难道要躺着过一生？

我讲的上述故事，让这些来采访我的学生觉得有些不可思议。一个师妹说，她爸爸放心不下她，在把她送到学校后，又在宾馆住了一星期才离开；一个师弟介绍，他寝室中有个同学，妈妈每两个月都会来一次学校，帮这位同学洗衣服，尽管也觉得这样不太好，但那位同学还是依恋着那份温暖与关照……

我微微一笑。他们说的这些，我并不觉得陌生。因为多年以前，我所在的《中国青年报》，就发过一篇文章《“抱大的一代”使人担忧》，讲述的就是这种父母过于宠爱孩子，孩子们也不去追求自强自立、自我负责的情况。

遗憾的是，即使过去这么多年，这种青少年已经长大，却还让父母“抱着”的状况屡见不鲜，有些方面甚至到了匪夷所思的程度。如在这次巡回讲座中，我就听到了这样的故事：

为了让孩子有个好成绩，有的家长逐户拜访邻居，要求邻居 11 点后不得使用抽水马桶；因为怕池塘里的蛙声影响孩子学习，杭州一小区的家长竟然下药将一池塘青蛙毒死。

上述这些案例，都是父母不愿意让孩子自立，孩子也往往不愿意自立的故事。那么这样发展下去有什么样的结局呢？

且看《妇女生活》杂志上曾经登过的一篇文章，讲述北京大学计算机系一年级学生彭晖跳楼自杀事件：

彭晖从小就很聪明，学习成绩一直名列前茅，后来考入了北京大学。但这位学习上的尖子生，在生活中却是典型的“低能儿”：父母为了让他专心读书，包办了一切，十七八岁了，他连做饭、洗衣都不会。因为缺乏基本的生活自理能力，上大学后他感到无法适应，不得不停学回家。

第二年 7 月份接到北大寄来的复学通知书后，他因为害怕离开父母独立生活，竟然选择了跳楼自杀。

一个如此年轻的生命就这样消失了，不由得让人感伤又悲痛。当然，这个故事有些极端。但实际上，这种因为迟迟不能自立，导致无法适应社会的情况并不少见。在我进行职场培训的时候，我听到最多的一个意见，就是不少青少年已走入社会，却十分缺乏基本的担当与责任心。“这些孩子，看起来以前一直由父母‘抱着’生活，莫非到单位还要别人‘抱着’吗？”一些单位领导甚至说，“你们早该站起来了！年轻的时候不尽早站起来，难道要躺着度过一生吗？”

这些话对不少青少年而言，的确是当头棒喝。

第三，学会“心理断乳”，才会“第二次出生”。

那么，我们该如何迎接自己的“第二次出生”呢？

最重要的一点，就是学会“心理断乳”，即要从心理上彻底消除对别人的依赖，真正对自己的人生负起责任。

在这方面，曾被中央电视台报道的陈州，可作为青少年的榜样。

他出生在山东苍山的一个偏远山村，家里穷得付不起学费，后来又因从火车上摔下被截去双腿，只好四处流浪要饭。

有一次，他流浪到了浙江省的嘉兴市。有一个女孩很漂亮，她看到陈州时就掏口袋。陈州料想她是给自己钱，就伸手准备去接。可万万没有想到的是，她并没有给陈州，而是往旁边走了几步，很紧张地说了一声：“别过来。”她将一个硬币扔到陈州的身上，然后就走了。

在这以前，陈州已经乞讨了几年。虽然也遭受过多种痛苦与折磨，但是，他认为这次使他心灵受到最重的一击。他从这个女孩的眼中，看到了对自己的同情，也看到了对自己的嫌弃。

拿起这一块钱，他眼含泪水想了很久，终于明白了一个道理：靠别人可怜，靠这样一个残疾的身体去博取同情心，不是自己应有的人生。他对自己说：我不能这么活下去啊。我得学点本事，真正靠自己的双手来养活我自己。

有了这样的决心，很快他就找到了机会：他发现有几个流浪的歌手可以通过唱歌赚钱。于是，连简谱都不认识的他，开始学习音乐。之后，他就不是以自己残疾的身躯向人乞讨，而是作为优秀的流浪歌手，以艺术和劳动去获得回报，并获得生命的尊严。

他不仅做到了养活自己，还收获了爱情与幸福，更难得的是创造了许多人不敢想象的生命奇迹——失去双腿的他用手登了全国九十多座高山，光泰山就登了十三次。（详见后文“钱穷穷一阵，心富富一生”。）

陈州的奋斗故事，与上述北大学生彭晖的故事，形成了鲜明的对比：后者那么好的条件，却因为缺乏基本的生活能力而放弃生命；前者尽管穷困而且残疾，却能活出让自己无悔、让别人称道的人生。

我们可以悟出这么一个道理：

人与人最大的区别，往往来自能否学会负责，能否承担自己的命运。

不依赖任何人，实际上你可以活得更好。

一个人越早懂得自我负责，就越能创造成长的奇迹，越能创造生命的辉煌。

是的，理想的人生，总从“第二次出生”开始。

希望你早早觉悟，迎接“第二次生命”的诞生。

二、站起来的青春，才是值得过的青春

> 凡是天性坚强的人，必定有自强不息的力量。
>
> ——法国作家　罗曼·罗兰

周末去原单位的一个同事家做客，遇到他的侄女和她同学在玩耍聊天。这是两个中学生，越聊越兴奋，原来她们说到各自所追的明星了。

她们所追的明星，一个是《择天记》的男主角，一个是韩剧《太阳的后裔》的男主角。开始她们还只是交流，都希望对方喜欢自己所追的明星，到后来却谁也不服谁，开始攻击对方所追的明星。谁都没有想到的是，后来两人竟然打起来，一个同学把另外一个同学的脸抓出了血痕，另一个也把对方

的裙子撕坏了。

之后，在大人的干预下，这两个同学才停止“战争”，但饭也不吃了。两个人互相瞪着对方，恨恨而去。

青少年追星，这是一个正常的现象。那些“星”，的确有不少值得青少年喜欢的地方。但是，看到这一幕，我和老同事不由得感慨：追星恐怕也不要把所谓“星”捧到神一样的位置，更不要因为追星的矛盾，导致友谊的小船说翻就翻吧？

于是，我又想起了一个问题：

对不少青少年而言，在你的人生道路上，尤其在最美好的青春时代，你是不是该走出自己的路，该站起来生活呢？

第一，不要活在别人的影子中，要活出自己的阳光。

不知大家是否记得，几年前，有一个“超级粉丝”叫杨丽娟，为了追她心目中的星——刘德华，弄到倾家荡产，父亲甚至因此而自杀。

在她及许多刘德华的粉丝心目中，刘德华的确如天上的星星，是神一样的存在。但不知他们有没有想过，刘德华曾经也是“追星族”，而且，他追星的方式与效果，却大大值得当下“追星族”学习。

当时，刘德华刚刚进入影视圈，经常演一些小角色。他所追的“星”，是当时影视界如日中天的周润发。

且看刘德华在接受记者访问时是如何说的吧：

“那时候，我最大的梦想就是能够被派去做周润发的跟班。我觉得他像个神一样。一个偶然的机会，我终于有幸坐到了发哥的身边，心里非常激动。

“没想到拍戏休息的时候，发哥突然把手一伸跟我说：‘让你看一下。’当时眼前闪过的是发哥的一块亮光闪闪的钻表。我的心情一下子跌到了谷底，心想：有钱也不用这么俗吧。

“没想到接着周润发说了一句让我一辈子受用的话：‘记得，努力，什么都有。’

“那天晚上回到家里，我几乎一夜没睡，我一直在想发哥的那句话。那个时候我一直想学唱歌，但发出的声音像唱大戏一样，很难听，经常被人嘲笑，是发哥的话让我没有放弃，我常常在拍戏的间隙，偷偷地躲在面包车里练声、填词。有时候，我真的花一百分的力量去做，还是只到五十分。我有一个很好笑的外号，香港话叫蒙头，就是小呆瓜的意思。但是，不管怎样，我会继续努力着。

“当初唱歌被人批评走调，便拼命练唱歌，直至连续得了几年最受欢迎男歌手奖。后来又嫌没金像奖，最后金像奖也得了，我四十几岁的人，一直不服老，不愿意歇着，被圈里人称为不被青春拒绝的硬通货。实际上，我这都是因为发哥的那句话：‘记得，努力，什么都有。’”

刘德华从当初追星的粉丝，变成了别人所追的“星”，这样的经历，是不是对青少年追星有积极启示？

的确有些明星的成功有一点偶然的因素，但所有的“星”都有自己奋斗的过程，都有通过努力，让自己从平凡到卓越的转变。

我们可以追星，但是要追那些“星”在成为“星”的过程中所体现的精神。如球星乔丹，他的主要精神是“主动不主动，相差一百倍”。当你用他们的精神激励自己的时候，你不是离他们也近了吗？

也许你成不了“星”，但是，只要你像刘德华这样通过努力去追星，你也可以活出自己的人生，活出自己的成长与成功！

第二，面对诱惑与压力，你要挺直自己的腰杆。

在我们这个社会，诱惑与压力无处不在，甚至会一直蹲守在我们追求成长与成功的路上。这时候，假如你不小心，就容易被逼趴下甚至掉入陷阱。这时候，你最应该提醒自己的，就是擦亮自己的眼睛，挺直自己的腰杆。

前段时间，有一部当时收视率排全国第一的电视剧《人民的名义》，其中有一个公安厅厅长祁同伟，给大家留下了深刻的印象。

祁同伟本是寒门出身的草根学子，相貌英俊，品学兼优，没资源，也没背景。本来，他爱的是同学陈阳，但是大他 10 岁的老师梁璐爱上了他。他不愿意，梁璐就动用自己的爸爸——省政法委书记的权力，把祁同伟分到了一个乡村的司法所。

残酷的现实，终于让祁同伟不得不重新考虑自己的未来。为了改变自己的命运，他答应了梁璐的条件——返回校园，在操场上下跪向梁璐求婚。

成了省政法委书记的女婿的他，后来终于前程似锦，一步一步，他成了省公安厅厅长。与此同时，他的价值观、奋斗观也发生了变化，最后走上犯罪道路，并用自杀的方式结束了自己的一生。

从祁同伟的变化，人们不难看到：不好的社会环境会给人的正当奋斗形成很大的障碍。但不管怎样，祁同伟选择向权势低头，在操场上的那一跪，与其说是向梁璐下跪，不如说是向权力下跪。下跪后所走的道路，看起来是捷径，却成了他人生的绝路。

所以，当我们走上人生旅途的时候，不妨问一下自己：

每个人都有两条腿，你会站起来吗？

你会用自己的两只脚，去走出属于自己的人生吗？

与其活在别人的影子中，不如活出自己的阳光。

与其卑微地仰视别人，不如勇敢地成为自己。

正直坦荡地站起来的青春，才是值得过的青春！

三、当你开始当生命的主人，你就不再做生活的奴隶

谁若游戏人生，他就一事无成；谁不能主宰自己，便永远是一个奴隶。

——德国文学家 歌德

不管你是谁，有两个问题是需要格外关注和重视的，一是生命，二是生活。

许多人关注的是生活，却往往因此而随波逐流，并导致了人生不少的遗憾。

与此相反，自觉的人往往有一个觉醒的时刻，那就是关注生命，当生命的主人。

第一，不当生命的主人，就会做生活的奴隶。

《做成长的主人》作者吴牧天在该书中，讲述了这样一个故事：

有个同学沉迷于网络游戏，结果父母找到网吧来了，喊他起身回家学习，可他怎么都不肯。于是爸妈开始拖他，他用劲甩开爸妈的手，对爸妈吼："你们别来烦我行不行？"

结果他爸爸妈妈发火了，直接按了电源把电脑关掉，拽着他要他回家。没想到他一下子就哭了出来，说：

"你们知不知道刚刚那一局对我的队友们有多重要？"

他爸妈就问："你怎么不想想你的学习对你的人生有多重要？"

这个学生的爸爸妈妈的话，已经是一个很严厉的"当头棒喝"了，这个学生应该有所觉悟。但事情并非如此。

在该书出版后的一次交流中，吴牧天补充了没有写进其书中的一个细节：

这位学生一点都没有被爸爸妈妈的话唤醒，反倒非常自信地说：

"我的人生早就规划好了，我长大就想当个网管。"

他为什么要当个网管呢？原因有两条：不仅可以拿工资，还可以免费坐在网吧里玩游戏。

这样的回答，是不是有点让人哭笑不得？可在现实中，因为生活中的某点爱好，某份安逸，而不知道在根本上对生命负责的人，其实并不在少数。

这时，我们就该明白一个道理：

假如不能当生命的主人，就有可能成为生活的奴隶。

这时候，我们就需要让自己来一次觉醒，明白此生你该去做什么、不去做什么，知道什么才是人生的轻重缓急，开始当生命的“主人翁”。

第二，当你开始当生命的主人，就不再是生活的奴隶。

我不由得想起我弟弟人生最重要的一次成长经历。

那时弟弟高考失利，回到家，情绪低落又不思上进，整天无所事事。大家都为他着急，可是怎么劝说也无济于事。

父亲思考再三，最后决定采取一项非凡的举动。

那天，父亲对弟弟说：“我年龄也大了，当家越来越不容易。你们年轻人有思想，我想把这个家交给你当，如何？”

这个想法一提出，大家都认为是在开玩笑。因为在我们家乡，上辈人还在，哪有叫刚刚高中毕业、才十六岁的孩子当家的道理？而且父亲其实并不老，又没病，还远远不到“退位”的时候。

但是父亲可不是开玩笑，他是很真诚地将家里所有的钱交给弟弟，让他全权当起家来。本来情绪很低沉的弟弟，突然振奋起来。他在“接班”后，决定好好大干一场，并一心想做得比父亲更为出色。

几个月过去了，弟弟确实做了不少事，但是也越来越做不下去。为什么呢？所花的钱比父亲多，但所做的事却比父亲少。终于到了财政情况严峻得不能再维持了，他才不好意思地向父亲“交权”。

父亲笑着问弟弟：“怎么了？”

弟弟低着头说：“还是您当家更好。”

“为什么？”父亲问。弟弟红着脸说不出话来。

这时父亲才严肃地对弟弟讲了这样一番话：“你认为生活就那么简单？没投入哪有回报？不发奋就想有好果子吃，有那么容易的事吗？”

这一段经历，让弟弟的心灵受到极大触动。后来，他在外面打工时，即使累得鼻孔流血也坚持自学，终于考上北京广播学院新闻系。之后，不管是做生意还是当干部，他都成了让人称道的人。

事情过去了许多年，父亲用“绝招”巧妙“调教”弟弟的情景，总是浮现在我的眼前。

它让我懂得了一个十分朴实的道理：

人这一生，谁都是应该对生命负责的。只有你尽早对生命负责，你才能成为生活的主宰，并在生活中得到更好的回报。

四、人生只有三件事

生命不可能有两次，但许多人连一次也不善于度过。

——法国诗人　吕凯特

对人生的理解，可以通过不同的角度，有不同的认识。如果简单一点说，可以总结为下面这三句话：

知道此生为何而来。

知道怎样去实现。

知道怎样做得更好。

第一，知道此生为何而来。

这是明确人生的目的。

我们每个人都是没有被征求意见来到这个世界的，最终离开这个世界时也不会被征求意见，我们唯一能够做主的，就是这短短几十年，如何活出自己的人生。

于是，人生的目的就至关重要。

对于人生的目的可以有不少的看法，我自己的朴素理解是：为自己创造幸福，为别人创造幸福。

为自己创造幸福是人生的本分，就是在不伤害别人的情况下，少一点浑噩，少一点懒惰，也少一点纠结和悲观，尽量活得开心、快活一些。

为别人创造幸福，更能体现人生的价值。一些人之所以伟大，就是因为他们能把为别人创造幸福，当作自己的人生目标。这些人不仅往往能创造伟大的事业，而且时时处处能体现对别人幸福的珍视。

在这方面，“圣雄”甘地的一个小故事，可以给我们提供很好的启示。

甘地是发起“非暴力不合作运动”，赢得印度独立的人。有一次，他去坐火车。火车刚开动，突然他的一只鞋子掉下了火车。正在周围的人惊诧和遗憾之时，甘地竟然把余下的那只鞋子，以最快的速度，丢到火车外面。

陪伴他的人十分不解。甘地回答说：

“我们印度还很穷，许多人没有鞋子穿。我掉下的那只鞋子，别人即使捡到也是没有办法用的。但是，如果有人将这两只鞋子捡到，他就可以好好穿了。”

细节体现境界。尽管这是一件小事，它却体现了甘地时刻把别人的温暖与幸福放到心上。假如没有那种时刻把别人放到自己心上的精神，怎么可能在短短一瞬间做出这样感人的举动呢？

诺贝尔和平奖获得者特里莎修女讲得好：

“我们都未必能做那么多大事，但是我们可以用伟大的爱去做小事。”

假如你也有这种为别人创造幸福的人生态度，是不是处处也有这种为人行善、让人快乐的机会呢？

第二，知道怎样去实现。

这就是你得奋斗，采取必要的措施与努力，去实现理想。

在这个世界上，除了某些可以躺在父母怀抱中的人，一般人都要努力。努力不只是简单的吃苦，还包括找到自己的目标后，如何一步一个脚印去实现。

有一天，我去中央人民广播电台接受采访。主持人既热情洋溢又很有才能，大家都亲切地称他“小马哥”。

通过采访间歇的交流，我知道了他奋斗的奇特经历：

多年以前，他在边疆一个很偏僻的乡村做维修工，工作辛苦而且十分枯燥。他最大的快乐，就是能通过一个小小的收音机去听各种节目。

收音机给他打开了一个全新而且十分广阔的世界。有一天他突发奇想：如果我能当一个电台的主持人多好啊，那一定是最有意思的工作之一。

说干就干，他就带着不多的钱奔向了北京，所向往的地方就是中央电台。到这里之后他才知道，要进电台，首先得到大学的播音专业去读书。于是他又想办法进了相关的学校。在经历了生活、学习和工作的种种困难之后，最终他如愿进了中央电台。

后来他回了一次家，遇到原来的同事，那个人还在做维修工。前同事问他现在在哪个地方发财。他告诉别人自己在中央电台。接着对方不由自主地问了一句：

“那么远呀。那里的维修生意比这里能赚得更多吧？”

“小马哥”不好意思地告诉那位前同事：自己已经是中央人民广播电台的主持人了。

“小马哥”的故事，告诉了我们“知道怎样去实现”的一个法则：心先过，脚紧跟。

首先，你对自己的人生应该有更高的要求。这就要求心灵先突破。

当心灵突破了，行动的步伐就得跟上。有了想法又有了做法，理想就会越来越容易接近。

第三，知道怎样做得更好。

这就是要不断地反思、总结与优化。

就拿学习来说吧。我曾经在北大、清华等学校为大学生们讲课，也不止一次与其中的一些“学霸”交流。这些“学霸”，有一些还是来自全国各地的高考状元。

我发现他们提高成绩有一绝招，就是错题本。他们把自己做错过的题目，都工工整整地记录下来，重新做，直到完全弄懂。

这种做法，其实就是采取有效的方式，让自己做得更好。

我们都知道孔子最喜欢的弟子是颜回。

《论语》记载，哀公问：“弟子孰为好学？”孔子对曰：“有颜回者好学，不迁怒，不贰过。不幸短命死矣。今也则亡，未闻好学者也。”

这段话的意思是：哀公问孔子，他的弟子中谁是真正好学的人。孔子就夸奖颜回，说他一是“不迁怒”——不将怒气迁移到别人身上，二是“不贰过”——同样的错误不会犯两次。只是颜回不幸去世了，之后，就再也看不到好学的人了。这就是说，其他人很难做到这两点，所以谈不上谁好学了。

由这种评价可以看到，上述两点在孔子的心中是何等重要！

“不贰过”，是让自己做得更好的重要手段之一，但做到又很不容易。关于过与改的问题，可分四个层次：

第一层，从不知错。此类人往往盲目自大。

第二层，错而不改。有人明知自己错了，但不停地为自己找借口解脱。

第三层，过而能改，但是有反复，要花较长的时间去改正。

第四层，不贰过。一次就改了，而且一辈子不再犯同样的错误。要做到这一点，就必须常常自省并严于律己。此类人，往往是最自觉地成长、最有发展的人！

五、没有“人死观”，哪来“人生观”？

> 生命之所以有意义，是因为它会停止。
>
> ——奥地利小说家　卡夫卡

生死观的教育，是中国最缺乏的教育之一。

认识到每个人必有一死，实际上是人生观的起点。

因为，意识到人生的最大局限才可能获得局限中的“最大”。认识到每个人都有一死，才能学会去当成长和生活的主宰。

换言之，没有“人死观”，哪来“人生观”？

我故乡一位七十多岁的老农民，像以往一样来到了山坡上锄草。在一片暮霭中，老人突然有所感悟：一个平时意识到却总是躲避的念头——“死亡”，比什么时候都更清晰地出现在他的意识中。他吓坏了，匆匆忙忙跑回家，一到家就躺在床上干号起来：“不能死的呀，人死了就没有了呀！”就这样叫了十天。十天后，身心憔悴的他，反倒很快让死神带走了。

是啊，不管我们是否愿意，死亡都是我们不得不接受的沉重事实。那么，我们该如何去办呢？

既然不管我们是否愿意，死亡都无法避免，那么我们就不如尽早去面对，让自己尽快成长、成熟，创造更辉煌的人生。

第一，越早正视死亡，就越早拥有为自己命运掌舵的机会。

在这方面，青少年的偶像比尔·盖茨，给我们提供了很好的榜样。

众所周知，比尔·盖茨是在上大学时发现了计算机的商机，果断退学创业成立微软公司，并成为世界上最年轻的首富。如果是一般人，商机再好也未必会退学，何况还是美国最有名的哈佛大学。而且当时谁也说不准，他这退学创业到底是会成功还是会失败，风险还是很大的。

那么，让他做出这种非凡举动的原因是什么呢？

研究比尔·盖茨的成长史，我们就不难得出答案。他从小就喜欢研究伟人的传记，并思考一些严肃的人生问题。还在初中的时候，他就已经认真正视了死亡这一严肃问题，并将自己对生命的思考，凝结为这样一段话：

“人生就是一场正在燃烧的大火，一个人能够做的，也必须去做的，就是尽自己的全部力量从这场火灾中抢救点什么出来。”

普通人往往只把比尔·盖茨休学创业看成事业的起点，却没有意识到这种非凡的决断，这种分秒必争的精神，和他关于“人生是一场大火”的观点之间，有着一种必然的联系。

“一场正在燃烧的大火”，看起来是把人生看得悲观了，但实际上正因为敢于去正视这份悲观，才有人生的紧迫感，才能尽早让自己拥有为命运掌舵的机会。

关于这一点，苹果公司的创始人乔布斯有更多的阐述。他曾经在斯坦福大学做过一次非常有名的讲座，讲了三个十分重要的观点，其中一个就是关于死亡的。

当他 17 岁的时候，他读到了一句话：“如果你把每一天都当作生命中最后一天去生活的话，那么有一天你会发现你是正确的。”这句话给他留下了深刻的印象。从那时开始，接下来的 33 年中，他每天早晨都会对着镜子问自己：“如果今天是你生命中的最后一天，你会不会完成你今天想做的事情呢？”

“记住你即将死去”成了他一生中最重要的箴言，点醒他生命中最重要的选择，留下真正重要的东西。

比尔·盖茨与乔布斯的做法，与上述我故乡的那位老人形成了鲜明的对比。实际上，我们不要急着去取笑那位老人。

因为，和那位老人一样，大部分人对“人总有一死”的认识，常常处于不敢正视的状态，因此往往是浑浑噩噩、得过且过，最终度过平庸而充满遗憾的一生。

在这里，我们不妨再重新认识那首经典古诗：

“明日复明日，明日何其多。我生待明日，万事成蹉跎……”

当站在死亡的层面去看待时间的时候，我们还忍心沉睡，不去“只争朝夕”吗？

所以我认为，一个人，最好这样“倒过来活”：

在年轻时，以一个老人的眼光审视自己，分秒必争；在年老时，以青年人的态度来要求自己每一天的生活。

第二，正视死亡，就能更加珍惜生命。

我做的第一场生命教育的讲座，在我的母校。当时，《南方周末》以较大版面报道了母校一位女大学生自杀的事。

我很难理解，当时我觉得最美的一个地方，竟然成为一个学生放弃生命的地方。有人向我介绍，这位学生是在一座铁塔上跳下来自杀的，我更难以接受，因为曾经在春天的夜晚，我也爬过那座铁塔，看见月亮从湖上升起，当时铁塔下的山林，都披上了绿装，像一艘绿色的船在航行。这么美的地方，怎么能成为放弃生命的地方呢？

为了让更多的人珍惜生命，我在全国开展了生命教育的讲座。

其实，生命的价值，正体现在人终究有一天会死、永不再来这一朴素的认识上，这时候，我们就要懂得珍惜生命。青少年自杀，是难以接受生活的不如意与挫折，为此，他们得提升自己对生活的认识，提升自己的“抗挫力”。

我曾经看过一个女学生写的一篇文章，可以给大家借鉴。

这位女生因为各种挫折与烦心的事情，也多次动过自杀的念头。后来，她已下决心了，但还是想与妈妈告别。于是，她去了妈妈工作的地方。

妈妈是一个清洁工，非常敬业。这位学生赶去时，发现妈妈正在忙碌的间歇做短暂的休息。女儿看到了一个让自己无法理解的细节：此刻的妈妈正将一段小黄瓜在脸上滑动。

她不由得问妈妈：“这是干什么？”

妈妈笑着告诉她：“美容呀。妈妈也爱美，这黄瓜的汁液，是天然的美容品呢。”

那一瞬间，女孩一下子既震惊又感动：她没有想到，每天为生活而操劳的妈妈，对生活从来没有抱怨，而且还这样热爱生活。相比之下，自己的那些烦恼又算什么呢？

这位学生从此再也没有动过自杀的念头，而且更加发奋，最终考上了理想的大学。她在文章中写道：

“面对同样的生活，可以有不同的理解。我没有料到，妈妈手中的一段小黄瓜，竟然救了我一条命。其实与其说是黄瓜，不如说是妈妈那种笑对生活的态度，把我救了。”

不知道这个故事是否也能触动你？面对各种挫折与痛苦，假如你也能像这位学生的妈妈那样去面对，也许你就更加乐观与强大，你也会像这位学生那样，更懂得珍惜自己的生命与生活了。

不仅要珍惜自己的生命，同时也要珍惜别人的生命。不仅如此，我们还要从尊重人类的生命到珍惜这地球上许多“有情众生”的生命。举个小例子，一些细心的人发现，当煮泥鳅时，怀孕的母泥鳅总要将肚子翻上来，因为里面还有没出生的鱼子。母泥鳅最大的愿望是保住这些没有出生的小生命。

一位科学家在做实验时发现，一只得了绝症的小白鼠，其实早就该死了，但一直活着。科学家对此现象百思不解，直到发现它是怀了小老鼠，才明白其中的道理：为了孩子能生出来，它坚持着不死。当小白鼠的孩子生下来后，科学家认为它肯定会死了，但还是没有。直到半个月后，小生命可以独立生活在这个世上，且能较为自由地活动了，它这才死去。

面对这样的生命，我们是不是也该多一份慈悲与爱呢？

第三，正视死，是为了更好地活。

面对任何人都必有一死的残酷现实，不少人会十分消极，但智者却反倒格外乐观。

明代有个叫陈琮的举人，他特意将自己的房子建在大片的坟墓边上。

有一天，他的一位朋友前来拜访他，见此皱眉道：

“日日见此，定然不乐。”

他闻言微微一笑说：

“日日见此，不敢不乐。”

好一个“不敢不乐”！实际上他是在以死亡作为警钟，提醒自己不要沉迷在那种“人生不满百，常怀千岁忧”的情绪中，而让自己短短的几十年充满快乐与笑声。

这才是我们应有的一种态度，了解人生的无常和死亡的必然，不是让人消极、悲观，放弃一切希望，而是让我们以更积极乐观的方式去面对人生。由于勇敢地正视了死亡，也许我们能放下平时那些没有意义的争斗纠结，成为一生都快乐的人。

美国思想家爱默生说得好：

“不要把生命浪费在怀疑和恐惧上，而应该专心致志地干好眼前的工作，更坚信当前的良好表现可以为未来的日子奠定最坚实的基础；死亡并不可怕，只要你知道怎样生活。”

我们会害怕死亡，但是从根本上讲，我们真正该害怕的，是从来未曾真正地生活。

通过正视“生命于每个人都只有一次”，我们就能把死亡当成最好的生命导师。

死亡让世界上的一切平凡都变得不平凡，所以要懂得珍惜；死亡让世界上的一切不平凡都变得平凡，所以要懂得放下。

能明白什么时候该珍惜，什么时候该放下，这就是人生最重要的智慧。

六、从“玩物丧志”到“玩物尚志”

目标有价值，生活才有价值。

——德国哲学家　黑格尔

在你身上或你的身边，有没有这样的现象呢？

明明成绩已经落后许多了，但还是一有时间就拿起手机或到游戏室玩；明明过几天就要考试了，但还是每天忍不住要看网络小说的更新页；或者，现在是星期三，老师正在讲台上讲唐诗宋词，但你觉得别人的诗词没有意思，于是已经在构思周末邀朋友去哪个景点玩……

想玩，可是又有学习等方面的要求，如果过于沉溺游玩，就会丧失机会；如果不玩，又辜负了人生。那么，该怎么办呢？

毫无疑问，玩是人的基本需求之一，更是青少年的权利。但是我们要分清主次和先后，不妨改“玩物丧志”为“玩物尚志”：只能在不损害人生理想的前提下玩，在玩时永远不忘记自己的理想与志向。

第一，不要因为一时的快乐，葬送了自己的前途。

暑假我回到老家，惊讶地发现一位在我印象中本来成绩很好的女学生，在这年高考中没有考上大学，而去了县城的一家小药店打工。

这是我一个老师的邻居的孩子。在交流过程中，她不好意思地讲述了落榜原因：本来成绩是不错的，但进入高二后，班上一个男同学热情地追求她，并且常常带她去玩耍。开始时他们还只是去看看电影、郊游、跳舞等，到后来一起迷上了电子游戏，结果成绩越来越差。

到高三时，那位男同学的爸爸把他带回了另一个城市，他倒是收起心来学习。她却因为他的离开而心神不宁，又沉迷在通过打游戏麻醉自己的恶性循环中不可自拔。最终的结果是，那个男孩考上大学，她却名落孙山了。

讲完这个故事，这个女孩感慨地说：“别人倒是觉悟得快，玩到一定阶段就收心，洗脚上岸；我却是一直没有觉醒，真是悔不当初呀。”

这个女同学的故事，正是因为没有摆正前途与游玩的关系。高考毕竟是青少年最重要的关口之一。她却因为没有摆正学与玩的位置，导致犯下无法挽回的错误。

希望这种低级的错误，不要在我们的生活中出现。

第二，当“玩物”已经出现“丧志”的危险时，就该悬崖勒马。

在这方面，中央电视台著名主持人撒贝宁被父亲从“淘气包”调教成主持人的过程，可以给我们启示：

撒贝宁在小时候是一个能“玩疯”的人。有一次，他和同学玩“斗鸡”，将左手弄得骨折了。但是，养病期间他竟又偷偷跑到外面和小伙伴玩摔跤比赛去了，结果又摔倒在地，再次骨折。每天放学后，他没事就和一群十多岁、不喜欢读书、天天游逛的男孩子打台球、赌钱，甚至还躲在卫生间里尝试抽烟……

这时他爸爸发现了他的问题，先是揍了他一顿，之后破天荒地向他检讨：“爸爸只顾工作，没时间陪你，爸爸也有责任！”后来，他爸爸带他去参观拍戏的现场，那些演员不怕吃苦、认真演戏的情景深深触动了他。

他一方面看到了那些闪光的形象，一方面看到每一份风光后面是艰辛的付出，于是他收敛了玩心，开始爱上学习，后来被北京大学法律系录取。

到了大学，虽然已过了顽皮的年龄，但是活泼好动的天性得到发挥，他成了学校里的活跃分子，特别是演讲比赛几乎场场不落，被人戏称为“演讲专业户”。大四快结束时，中央电视台《今日说法》栏目到学校招聘，他顺利进入，并成了知名主持人。

后来他听说当初那帮与自己疯玩的孩子中，有两人因为赌博盗窃被劳教。他感慨地说：“人生的路虽长，但关键的只有那么几步。如果不是父亲的及时引导教育，我的发展不会这么顺利。”

撒贝宁的故事，告诉我们当“玩物”已经出现“丧志”的危险时，就该悬崖勒马。否则，就可能因为玩耍葬送了人生的希望。

第三，先学后玩，先干后玩。

我在北京认识一位年轻有为的文化公司总经理程诗缘。她给人一个很深的印象，就是比起同龄人，在全世界旅游的经历多多了。在她发的微信朋友圈中，可以看到她有时在非洲看狮子，有时在瑞士游览传说中有龙守护的少女峰，有时在加勒比海游泳……

但是，这些游玩都没有影响她的工作，她的业务一直很好。

在有人问她为何能做到这样时，她回答说：

“这来自我小时候妈妈对我的教育。学习的时候真正学习，玩耍的时候才能放心地玩耍！我在学习的时候是这样，工作的时候也这样。”

这其实是给大家讲述了一个合理的态度：先学后玩，先干后玩。

做到这点是不太容易的，尤其还有这么一个怪圈：越会玩的人往往越不愿意学习和好好工作，而越不愿意学习和工作的人往往越爱玩。

这时候该怎么办呢？

在我们所著的《好妈妈总有好方法》一书中写过这样一个故事，也许对你有所启示：

何立伟是湖南的著名作家。一天，他的儿子对他说，自己下午不上课。何立伟就建议儿子正好可以趁这个时间读读课外书，但儿子却说跟同学约好了去滑旱冰。

何立伟觉得，儿子的玩心太重，心里头只装着玩，于是他问儿子：“你觉得自己的成绩好不好？”儿子沉默了一下，小声回答了一句“不好”。

于是何立伟说：“一个学生，如果成绩不好，哪有资格这么玩呢？”

看儿子没有吱声，他语重心长地说："世界上有三种学生，一种是会学不会玩，一种是会玩不会学，还有一种是又会学又会玩，你属于哪一种？" 儿子不好意思地说"属于第二种"。

"既然是这样，你就要加强学习，这样你就会成为老爸最欣赏的第三种学生。"

何立伟的话，既全面又合情合理。当我们想去游玩的时候，也不妨参照一下他的话，养成"先学后玩"的好习惯。

第二章
身无分文，敢与天下斗富
（如何培养积极心态，创造成长奇迹？）

一、钱穷穷一阵，心富富一生

二、断言“我不行”有着最大的傲慢

三、心不难，事就不难

四、改“尽力而为”为“全力以赴”

五、制心一处，无事不办

六、心能宽一寸，路便宽一丈

一、钱穷穷一阵，心富富一生

人生之路需用心来描绘。

——日本“经营之圣”　稻盛和夫

在成长与成功的过程中，进行心灵建设，让心灵强大，十分重要。

由于条件与环境的原因，可能我们的物质条件差，地位与身份不如人，或者还有这样那样的不如意，但是你不必为此自卑或痛苦。

假如你能拥有心灵的强大，你就会创造各方面的强大。

假如你能拥有心灵的富有，你就会创造一切的富有。

第一，不必自卑，“里子”能够胜“面子”。

在做好自己事情的同时，我们也应该尽量帮助人。这些年来，我在力所能及的范围内，也做过一些帮助人的事。对于这些事，绝大多数时候我都很高兴，但是却有一件事让我百味杂陈。

有一次，我从媒体上看到一个女学生家里十分穷困，考上了大学却无钱上学。于是我通过报道她的媒体联系到了她，并汇了一些钱给她。除我之外，还有一些人对她热情相助，她终于如愿进了大学读书。

说来也巧，在她进大学不久后，她所在的学校的学生会邀请我去做讲座。我很高兴，想趁这个机会去看望她，并了解在哪些方面可以进一步帮助她。所以在我快到学校的时候，我与她通了电话，告诉她我将要去她的学校做讲座，并说这个讲座对学生的成长和发展有较好的帮助，如果她有时间，也欢迎她过来听。

她一接到我的电话，表现得很热情，但没有想到的是，当她得知我要去她的学校后，言语就有些闪烁不定了，之后告诉我做讲座的时候，她有课无法来了。

这本来没有任何关系，但奇怪的是，我晚上 9 点做完讲座之后，没有接到她的电话，之后一直没有音讯。

本来我还想主动再给她打电话的，这时有位好心的朋友提醒我：这个女孩可能是怕与我见面，怕我向她的同学暴露了她穷困，接受过我资助的情况。我想想的确也有可能，因为在学校中，类似这种情况并不少见，于是我也就没有再给她打电话。奇怪的是，我在该校有两天时间，她也没有给我再打电话，而且从此也与我没有联系了。本来我当初还准备了一些资金，准备当面再给她的，也就算了。

这件事已经过去了，但每当想起，都有点不舒服。我没有任何给她帮助就希望她报恩之类的想法，而是觉得：如果一个人因为经济上的窘迫，导致连我的面都不敢见，这样的心态就实在太弱了。

我想说：经济上的窘迫并不可怕，更不必羞愧或自卑。因为，我们固然在乎“面子”，但更重视“里子”。

我不由得想起我的中学和大学时代，那时也是很穷的。记得在高考那一年，所有的同学都穿上了当时的时尚裤子——的确良军装。在上操的时候，我前面是绿色的一片，只有我还穿着唯一的一条灰色裤子。但是我对自己说：这不要紧，我把学习抓好就行了。结果我在全县最偏僻的学校考出了全县文科最好的成绩，进了重点大学。

进了大学后，学校的冬天很冷，绝大部分同学都有一件军大衣，既御寒又风光，我却穿着一件妈妈从身上脱给我的毛衣，穿着一件不合身的小棉袄。我对自己说：不要紧，家里没有钱给我买衣服，我自己想法买。后来，在大学三年级时，我发表了作品，用稿费买上了军大衣，余下的钱，还给父母买了一点小礼品。

我也有因为穷觉得不好意思的时候，但是我从没有在经济上比我强的同学面前有任何的自卑，反倒为自己能注重“里子”，更有出息而高兴。

当然，现在还有不少同学，因为怕自己被人瞧不起而纠结，于是有的借钱买名牌手机和名牌衣服，有的还借高额“校园贷”而不惜以裸体照做“担保”。每当听到这些好攀比的学生，我就不由得想：

我们不必那么在乎这种靠虚荣支撑起来的自尊。只要我们坦荡一点，多多重视自己的“里子”，就可以拥有心灵上的更多自信。

第二，勇敢自信，“布衣亦可傲王侯”。

一些经济上窘迫、感觉自己在社会底层的青少年，往往自卑。其很大的原因，就是他们老是比较，很怕被那些超过自己的人瞧不起。

但是，不管别人是不是瞧不起你，你也可以勇敢自信。且看发动辛亥革命、推翻封建王朝的孙中山年轻时的一个故事：

清朝光绪年间，孙中山在日本留学。回国后，有一次他路过武昌，产生了去拜见湖广总督张之洞的念头，就写了一张便条，让守门人传了进去。

张之洞打开便条一看，只见上面写的是："学者孙文求见之洞兄。"

张之洞位高权重，即使是好友，也很少有人敢这样与自己称兄道弟，他微微皱了一下眉头，问："这是一个什么人？"守门的人回答："一个书生。"

于是，张之洞提笔在便条上写："持三字帖，见一品官，儒生安敢称兄弟？"

这明明就是要羞辱一下孙中山。但没有料到，一会儿守门人又回来了，把孙中山写的又一张便条交给张之洞："行千里路，读万卷书，布衣亦可傲王侯。"

这一来，张之洞肃然起敬，当即出门，隆重地接见了孙中山。

是的，当你因为经济窘迫、地位低下而很怕别人瞧不起的时候，你不妨学学孙中山。

什么叫作自信？就是你自己给自己信心。

一个真正自信的人，相信的是自己的追求、素养和能力。哪怕缺少钱，哪怕社会地位低，他也能有这种傲视天下的气概。

第三，主动开拓，好心态创造好人生。

一个人积极的心态，是可以创造好生活的，甚至会创造连自己都想象不到的人生奇迹。

在本书第一章中，我们讲到过一个被中央电视台等媒体多次报道的青年陈州。他的一生，就是用积极心态创造的一部传奇。

在前面我们写道：陈州从小穷困，又因两腿截肢而乞讨为生，后来突然明白应该为自己的命运做主的道理，于是主动开拓，学着唱歌，作为流浪歌手在全国各地表演。

有一天，他和搭档流浪演唱到泰山脚下。他问刚从山上下来的一个游客："大哥，泰山有多高啊？"不料，那个人回答："你问这个干吗呀？你觉得你能登上去吗？你看我身强力壮的，累得都拄拐杖。"

这明明是瞧不起自己呀，但是，这不仅没有让他知难而退，反倒激发了他的斗志。他就开始了徒手登山之旅。这一路的劳累，就不用多说了，光手上的血泡就磨出了好几个。奇迹出现了：第二天一早，他也看到了梦寐以求的风景——泰山日出。

这对他是一种极为难得的体验。以前他是仰视一切的，但在那一刻，他俯视了周围的一切，真正明白了"山高人为峰，一览众山小"的感觉。他开始用另外一种心态去对待生命。

之后，他又创造了不少的奇迹。有媒体发表了《超级演说家陈州的励志故事，你还有什么借口？》把他创造的奇迹罗列出来，同时向人们发出如下询问。

他不识字，不懂乐谱，不懂乐理，他就靠着死记硬背，成为一名出色的流浪歌手。如今，他已经走过了全国七百多个城市。他说，这是世界上最幸福的职业，因为他可以游遍祖国的大好山河。

【你为自己的爱好付出过多少努力？】

喜欢登山，喜欢“山高人为峰”的感觉。从十八岁开始，他登上了全国九十多座高山，光泰山就登了十三次。2012年，他靠双手登上了海拔总和八千四百九十八米的中国五岳，成为全球“双手登五岳”第一人。

【你登上过几座名山大川？】

在他十九岁那年，他流浪到江西九江，他的阳光和歌声打动了一位美丽善良的女子。如今，他们已经相守相依十一年，结婚、买房、买车，还生下了一对漂亮的儿女。

【你还高喊，我这样的“草根男”肯定找不到好媳妇吗？】

他已经进行励志演讲、演唱一百多场，捐出善款五十多万元。别人问他，流浪的日子那么辛苦，你哪来那么多爱心？他说，在我要饭的日子，如果没有那么多好心人给我饭吃，我早就饿死了。

【你为身边的朋友和需要帮助的人做过多少？】

陈州曾登上《超级演说家》的舞台，他的演讲震撼了所有嘉宾与观众，著名主持人乐嘉更是激动地跪地和他拥抱。而看到这些故事，不知道你是否也受到大的触动？

我的体会是：金钱的穷困并不可怕，心灵的富有才可贵。钱穷，只是穷一时。但心灵的富有，却可以让你富有一辈子，让你创造生命的整体丰盈。

最后，我要把明海法师的一段名言转送给大家：

“心灵只有独立，才能给别人温暖，才能有福领受外来的温暖。而几乎所有的问题后面都是机会。坚硬的石头后面不就是价值连城的矿产吗？要挖出来需要眼力和勇气。希望你能做‘矿老板’。”

二、断言“我不行”有着最大的傲慢

当登上一个新的精神境界之后你就会明白了——只有当我们打破了它的时候，才知道我们曾被投进牢狱！

——美国心理学家 丹尼斯·E．维特莱

在阻碍青少年成长与成功的路上，有一只伤害力最大的拦路虎——我不行。

这是高度缺乏自信心的表现。有了这样的心态，就会既缺乏挑战困难的斗志，也没有能战胜困难、突破自我的信念。要实现理想，就必须向这只拦路虎挑战。

第一，不要自己绑自己。

前几年，不时看到有这样的新闻：某某同学参加高考，一直等高考录取通知书。其他同学陆陆续续收到通知书了，但他的通知书一直没有来。最后他绝望自杀了。

就在他自杀不久，录取通知书来了，还被录取到不错的学校。只是由于这样那样的原因，导致通知书没有及时送到他手中。

这时候，不少人就发出遗憾的感叹，媒体就会发出如何提高学生心理素质的评论。而我，总会想起一个故事：

英格丽·褒曼是20世纪最有名的影星之一。十八岁时，她想在演艺界成名，便去参加皇室戏剧学校的考试。她精心准备了一个小品——表演一个快乐的农家少女。考试那天，褒曼设计了一个非常特别的出场动作——跑两步往空中一跳就到了舞台正中，欢乐地大笑，跟着说出第一句台词。

这时她不经意地瞥了评判员一眼。她万万没有想到，评判员正在聊天，他们在大声谈论并比画着。这一下，褒曼绝望了，连后面的台词也忘了。接着，她便听到评判主席说："停止吧！谢谢你……小姐。下一个……"

英格丽·褒曼在台上待了不到一分钟就下台了。她感到自己的梦想已经破灭，心中便只有一个念头：投河自杀。

她来到河边准备自杀，但发现河面很脏。这一下，她有点犹豫了，哪个青春少女不爱美？这样死去，身上会沾满脏东西，太难看了。最后她决定暂时回去。第二天，她得知自己被录取了。这令她既惊又喜，先是欢笑，既而就流下了眼泪。她想：这真是一个奇迹。

英格丽·褒曼问一个评判员："初试时，你们并不喜欢我，我只表演了不到一分钟，你们就让我下台，我以为我肯定没被选上。为这我差点儿自杀。"她的话使评判员大吃一惊，他说："天哪，事情与你想象的正好相反——当你跳到舞台的那一瞬间，我们就互相称道：'瞧她真棒！不要浪费时间了，她被选中了，叫下一个吧。'"

试想，如果不是河水脏这一偶然原因，使她终止了自杀计划，在"想当然"的支配下，她就将酿成无法挽回的悲剧了。

看到这个故事，你是不是觉得和那些因为没有拿到高考录取通知书就去自杀的学生，在思路上有相同之处？

它说明：出现某些不是我们期望的现象，并不是自己不行所导致，而是另外的原因导致的。不仅如此，像英格丽·褒曼这次的经历，让我们还看到一个不可思议的现象：你所认为的不行，说不定恰恰是你太优秀了。如果自己想当然地断言"我不行"，而盲目地采取某些举动，是不是太愚蠢了？

由英格丽·褒曼，我又想起了中国的一个故事：中国的禅宗三祖僧璨，一天遇到一个虔诚求道的少年道信，年仅十四岁。

刚拜访三祖，他就说："希望您赐予我解脱的法门。"

三祖问："谁把你绑住了？"

他沉吟了片刻后，回答道："没有谁绑住我。"

三祖说："那你为何还要企求解脱呢？"

道信于言下大悟，后来成为僧璨的传人，就是禅宗四祖。

这个故事也让人深思：在许多人身上都有一个弱点——自我束缚。生活中并没有什么事件把他绑住，他却在心中制造了一个"套"，把自己绑住了。

这样的"套"是十分可怕的，让我们无法去追求、实现自己的理想，有时还会丢掉性命。因此，我们要学会"心灵解套"，让生命获得新生。

第二，断言"我不行"，往往就隐藏着最大的傲慢。

"心灵解套"的一个十分重要的手段，就是明确一个人假如断言"我不行"，那一定潜藏着最大的傲慢。

这个观点可能会立即遭到反驳：我不仅承认自己不行，而且还断言"我不行"，应该说我是最谦虚的人呀，怎么能说是最大的傲慢呢？

初看起来，这种反驳有道理，但是通过分析就会发现这里有着一个"潜藏的主谓宾结构"。

表面看来，"我不行"——"我"是主语，"不行"是谓语。

但说这句话的人，其行为真正的构成却是：

"我断定'我不行'"——"我"是主语，"断定"是谓语，

“我不行”是宾语。

这一隐藏的结构，实际上隐藏了一个大的前提，那就是对“我断定”的认定和崇拜——由于这是“我断定”的，因此便是毫无疑问的，是绝不容许怀疑的！

于是，我们可以看到：断言“我不行”的人，在这里不仅有着对自卑的神化，更有着对自己权威评价的神化。那些断言“我不行”的人，表面看来是最自卑的人，但实际上却掩藏着对自己智力的最大傲慢，有着信念上最大的自高自大。

看了前面英格丽·褒曼的故事，你还能说断言“我不行”就正确吗？

那么，我们该如何从这种“心灵之套”中解放出来呢？

《茶花女》里面说：“我的眼睛染上了悲哀的色彩时，看到整间屋子的东西都笼罩着阴影。”

要知道，不自信往往也是心灵封闭、没有打开的缘故，连大明星英格丽·褒曼都尚且有不自信的时刻，我们在日常生活中也同样会有心灵封闭、看不到自己长处的时刻。

所以，你遇到困难的时候，请保持心灵的开放性，不要钻“牛角尖”，不要认死理。而且要多问一句：“是不是还有其他可能？”从而找到最合适的应对方式。

心灵就像降落伞，只有打开的时候才有用。

第三，没有天生的自信心，只有不断培养的自信心。

人的成功，与自信的确很有关系。但是自信心却不是天生的，而是你自己不断培养的。

著名歌手周杰伦的成长，就是活生生的写照。

在一般人的印象中，周杰伦是太有名了，太“闪光”了。对他的经历了解一些的人，知道他曾经不断努力，绝不放弃，之后终于被人发现，最后一举成名。

但鲜为人知的是，他恐怕曾是世界上最不自信的人之一。

我们且看在中央电视台的一个节目中，周杰伦所披露的那个超级不自信的自己：

有一次，他去坐公交车，在后门，一下被门夹住了。他痛得很想叫出来，但是却一句也没有说出来。为什么呢？因为前面坐着好几个学姐。好强又好面子的他，很怕叫出来自己就丢脸了。他心中只是默默地祈祷：忍一下吧，到下一站公交车门就会自动打开。结果下一站，公交车竟然没有停下来，实在痛到忍不住了，他才开口求助。

后来，他被吴宗宪发现。吴宗宪让他写了不少歌曲，水平应该说不错，但是公司推荐的许多歌手都看不上他的歌曲。公司的音乐总监杨峻荣给他创造机会，对他说：“你这些歌曲别人不用，干脆你自己唱唱看好了！”

他第一个念头是不相信：不可能吧？自己当歌手，这是从来没有想过的事情啊！

但是公司果然安排唱片公司的人来听他的歌了。首次演唱是什么效果呢？第一遍唱完之后，台下完全没什么反应，他很难理解，这是怎么回事？这时有人提醒他：你唱的声音太小了，别人根本听不见！幸亏给他第二次机会，让他唱第二次，他才表现好一些，这样开始得到认可。后来他又不断超越自己，展示自己，最终有机会发唱片了。

从周杰伦的上述表现，我们是不是可以看到，和我们许多人一样，他同样有许多不自信的表现？甚至可以说，比起大多数青少年，他有时候更显得不自信？

但是，值得我们重视和佩服的是：和许多不自信的人不同，周杰伦再不自信，也没有因为某件事做得不好，就断言“我不行”，就放弃改变和提升自己的努力！他总在不断地挑战自我，不断地突破自我，最终获得了鲜花与掌声。

在这个节目中，周杰伦演讲的主题是“你可以不平凡”，讲述的正是一个从超级平凡到很不平凡的过程。

当你能用积极的心态挑战不自信时，你就可以这样理解：impossible（不可能）——I’m possible（我是可能的）。

三、心不难，事就不难

一个有信念者所开发出的力量，大于九十九个只有兴趣者。

——俄国文学家 列夫·托尔斯泰

任何限制，都是从自己内心的限制开始的。

在学习与工作中，格外容易犯的错误，就是事情并不难，人们却过于放大了问题的难度，从而也放弃了解决问题的努力，最终导致许多本可学到的东西没有学到，本该做到的没有做到，应该获得的东西没有得到。

畏难的心态有如一座“心牢”，锁住了我们取得成功的一切努力。如果你勇于打破这座“心牢”，就可能拥有连你自己都想象不到的发展与成功。

第一，没有不能，只有不肯。

首先你要问清自己：对你追求的目标，你是不是真想要？如果是真想要，你是否愿为此付出最大的努力？

只要你问清这两点了，就是你决心肯为你认定的目标而付出努力了。那么再难的事情，你也能做到。

曾担任香港立法会主席的范徐丽泰，在中央电视台的一个节目中，做过一次主题为“你真的尽力了吗”的演讲，承认自己干许多事情都有天然的缺陷。在旁人眼里，她要达到某些目标，实在是“癞蛤蟆想吃天鹅肉”。但是，她认准了这些目标是自己非要不可的目标，并愿意为此付出努力，最终获得成功。

就拿打羽毛球来说吧。在学校，她看见人家打得很好，她也想参与。但是她连羽毛球拍都拿得不好，那些会打球的同学看不起她，竟然都不让她去打。

这一下激发了她的斗志，她心想：我一定要打好羽毛球，绝对不会让你们看扁我！第二天她就去书店买了好几本关于羽毛球的书，一边研究，一边不断训练。结果，练了一年后，她竟然在香港大学羽毛球比赛的时候拿到了冠军！

一个一年前连羽毛球拍都拿不好的人，竟然在一年后成了冠军。想想真是有些让人不可思议。

打羽毛球的成功经历，进一步激发了她不断突破自我、改变人生命运的信心。和不少青少年一样，她曾经也很内向，并为此而苦恼，但她决心改变。

大学毕业后，她在香港大学做就业辅导的行政助理，原本认为这只是一份行政事务工作，没有料到这是一份还要经常出去，为学生们寻找就业机会的工作，必须学会与人打交道。

参加工作不久，她就收到请帖，要代表单位去参加一个酒会。她一进会场，就发现两百多人在那儿，个个拿着酒杯在交流。她一个人都不认识，很不自在。当时她的念头就是现在就回家，反正没有人知道自己来过。可是她又一想，这是我的工作。既然自己必须要走这条路，就绝对不能临阵退缩。难就难吧。于是她也拿了一杯橙汁，主动凑过去找机会与人交流。

其实迈出这一步不容易，坚持下来更不容易。与人交流中，她常常很不自在，也很不自信。这样做了十几次，每次都觉得精力已经用完了，无法干下去了，但是每次她都对自己说：“既然我决定要做好工作，我就必须尽我的责任，尽力改变自己。”

她就这样逼迫自己坚持努力，逼迫自己改变性格，慢慢地就习惯了怎么才能跟一个陌生人打开话匣子，知道如何吸引他人，甚至以前在人前基本上不笑的她，还学会了如何以温暖自信的笑容，去打动他人。

终于在几年后的一天，她的气质与能力吸引了当时香港的港督尤德爵士，港督竟然委任她做立法局的议员。之后，她又迎接各种挑战，成了香港立法会主席。

无论打球这样的小事情，还是在工作中的大突破，她的成功都为我们展示了一个规律：没有不能，只有不肯！

对比一下我们自己，我们是不是也有这样那样的想法，如成绩要提高，事情要做好，但是由于畏难，既不把目标当真，也不愿付出努力，导致最终没有做成呢？

这时候，你不妨想一下范徐丽泰的奋斗故事，然后对自己说一声：心不难了，事就不难了。

第二，改消极发问为积极发问。

我们之所以觉得做事难，往往是因为采用了消极的思维方式，体现出来就是这样：

“怎么可能？！”

一个问号之后就是一个惊叹号，其实质就是将努力就此打住。梦想都没能出现，就已经被消灭在这一句发问当中。

而能把看来难的事做成的人，又是如何做的呢？他们首先敢于做别人没有的梦，之后这样发问——“怎么才能？”

这样的发问方式，就是打破砂锅问到底，问号不断延续下去，不断积极地探寻答案，非把答案问出来不可。

让我们来看看许多年轻人都熟悉的主持人孟非吧。他是江苏卫视《非诚勿扰》的主持人，可以说是中国最当红的主持人之一。但你是否知道，他在进入电视台之前没有正式进入大学校门深造，在电视台的起点，竟然还是一个打杂儿的临时工？

1994年，孟非从报纸上看到一则消息：江苏电视台文艺部体育组招一名接待员，工作只是端茶倒水，接接电话。他报名了，成了两百多名临时工中最不引人注目的一员。之后，他在干好本职工作的同时，渐渐对电视台的运作有了更深的了解，并萌生了一个大胆的想法：我也要做一名记者！

这似乎也是一个“癞蛤蟆想吃天鹅肉”的目标。但孟非觉得并非“绝不可能”，而是采取一步步的做法，去接近目标：每天他早早来到台里，利用帮记者们打扫卫生的机会熟悉记者的工作流程。如果碰到老记者出去采访时需要带一个扛摄像机的，他总是争先恐后地去干。每次出去，晚上他就在日记里记下新的内容：学到的新的采访技巧，如何更熟悉摄像机的操作，如何更了解社会……

通过这样的做法，他不仅学到了不少专业的东西，而且跟记者们的关系也越来越亲厚。到后来，老记者就开始将一些小新闻交给孟非去做了。他开始站住脚跟，之后更加努力，就这样一步步成了红极一时的《非诚勿扰》的主持人，还被评为“中国最新锐十大主持人”。

孟非的成功，可以这样简单描述：

“敢做他人不敢做的梦，多做他人不愿做的事。”

我们看到他正是将消极发问“怎么可能?！”改为积极发问“怎么才能？”最终实现了自己的目标。

仅仅换一种方式，结果就会大不一样。虽然打的同样是问号，但是这样一来，就意味着永不放弃，往往“逼”得自己不得不苦苦努力，直到“柳暗花明又一村”。

实际上，“心不难，事就不难”，与其说是一种心态，还不如说是一种信念。正如大文豪列夫·托尔斯泰所指出的：

“一个有信念者所开发出的力量，大于九十九个只有兴趣者。”

当你树立了这样的信念，相信没有你闯不过去的关，也没有你开辟不了的路！

四、改“尽力而为”为“全力以赴”

英雄就是对任何事都全力以赴，自始至终心无旁骛的人。

——法国诗人　波德莱尔

在学习与工作中，经常听到有人说：

“我尽力而为。”

而当问题没解决的时候，他总会为自己辩解：

“我已经尽力了。”

“我已经尽力了”往往成了失败的安慰剂。

其实，要从这种状态中解脱出来，就要从心态与行为上，将“尽力而为”改为“全力以赴”，这样才能逼自己将所有斗志与潜能都激发出来。只要学会“全力以赴”，往往就能把“不可能”变为“可能”。

第一，把自己逼到“非成功不可”的极限，所有难题都可能为你让路。

请你设想一下这种情况：

假如一个人，很小的时候就下身瘫痪，不要说走路，连一般的吃饭都有问题，他能设想自己考上清华大学吗？

恐怕大多数人都会摇头。但是，的确有这么一个人，不仅考上了清华大学，而且上清华后成绩也很优秀，还能作为组织者，发动大家开展一些重要的社会活动。

这个学生名叫矣晓沅。小时候，他也曾奔跑如风，然而六岁那年，他患上了严重的类风湿关节炎。在十岁时，又并发了双侧股骨头坏死这一病症。到十一岁时，他只好从此与轮椅为伴。

他十分绝望，甚至想自杀。但是，在看到一本《霍金传》后，那位全身无法动弹但却做出非凡成就的霍金，成了他的榜样。于是他没有放弃，继续上学。这期间，他曾因病情恶化两次休学治疗，但在妈妈与无私的老师和同学的关心帮助下，身体一好他就抓紧时间补课学习，不仅考取了当地的重点高中，还在高考中取得了全省第十六名的成绩。

可以说，就是健康的学生要考出这样的成绩都很不容易，一个残疾的学生能这样就更不简单了。当时他和他的家人都担心没有学校会录取他。没有料到的是，清华大学的招生老师主动联系他，并将他录取了。录取他的重要理由之一，是“没有一丝因残疾带来的消极态度，他自强不息的进取精神，很符合清华大学的校训”。

进了大学，他的病情并没有好转，在某种程度上还恶化了，全身大小数十个关节都被损坏殆尽，严重变形。他不仅不能站起来，甚至连转头、抬手、弯腰等动作都变得十分困难。但是，这没有难倒他，他再一次将自己的努力发挥到了极致。比如，他的计算机基础薄弱，加上手指活动困难，刚入学时，他每天都得花两个小时来练习最基础的打字。这对很多人来说根本不算事，但对他来说却异常艰辛。通过这样的努力，他的成绩竟然从刚入校时的年级八十名进步到了年级十几名。

不仅如此，另一件事情还让他“逼出”了自己的更大潜能：有一次放寒假，他回到高中学校交流学习经验。一位高三的学弟，拿着一张纸来让他签名。他觉得自己并不是什么伟大人物，所以拒绝了。没有料到，那位学弟在纸上画了一条线，说接下来的一学期，他会不断努力，如果他能考取清华，希望矣晓沅在清华里为他补上签名。

当时矣晓沅没有在意，但半年后，他在清华园里见到了那个学弟，后者已经考取清华的工程物理系了！

那一刻，矣晓沅忽然明白，原来一个人的一份努力，也可以成为他人前进的动力。他想，既然可以在自己小小的范围内发光发热，那就可以更好地用这份光，去答谢他人、激励他人。

于是，他担任班级舞台剧的编剧和导演，为学生节筹备节目，先后参加了计算机系辩论队和校辩论队，分别代表系里和清华大学去参加比赛。更难得的是他还组建了中国远征军考察支队，并担任队长，去云南腾冲探寻中国远征军的战斗遗址。在云南境内驱车一千五百公里，不仅让大家得到了一线的研究资料，也进一步激励了大家奋斗的意志。

这样的人生是不是让人觉得不可思议？他的人生，并没有因为坐上轮椅而终止，反倒活得更为精彩。

事实上，是否“全力以赴”，往往是能不能获得成功的关键。著名演员章子怡就谈道：

“我养成一个习惯，就是每一次拍戏之前，如拍摄《夜宴》，我都要求自己提前两个月基本上进入角色里面去，为此我会去查大量的资料……通过全力以赴的努力，才能达到理想的效果。”

不管是矣晓沅的奋斗过程，还是章子怡的成功之道，都告诉我们：干任何事情，都别以“尽力而为”来敷衍自己。

假如你能全力以赴，具备非成功不可的意志，所有的困难都会为你让路，这样那样的“不可能”，都不难变为“可能”！

第二，“尽力而为”与“全力以赴”的区别。

那么，“尽力而为”与“全力以赴”有什么区别呢？

且看这样一则寓言：

猎人带着猎狗去打猎。猎人一枪击中了兔子的后腿。受伤的兔子拼命地逃生，猎狗在后面穷追不舍。

可追了一阵子，兔子没了影，猎狗只好回到猎人身边。

猎人非常生气：

“你真没用，连一只受伤的兔子都追不到！”

猎狗不服气地辩解道：

“我已经尽力而为了！”

兔子带伤跑回家，兄弟们都很惊讶：

“你怎么能跑过一只凶狠的猎狗呢？”

兔子说：

“它尽力而为，而我是竭尽全力呀！它没追上我，最多只是挨顿骂，而我若不竭尽全力，可就没命了。”

故事中的猎狗和兔子就像两种人：

一种人，对学习和工作总是“尽力而为”；另一种人，无论什么事都全力以赴。而成功，往往只青睐后面那种人。

那么，“尽力而为”和“全力以赴”到底有什么区别呢？我们可以对照下面的表格：

尽力而为	全力以赴
付出别人要求的努力	尽最大努力
机械地学习和完成工作	动用自己的所有智慧
只求完成	追求卓越
靠别人激励	自我激励
获得奖励或报酬	实现自我价值
满足现状	永不满足
尽量少做	尽量多做
瞄准任务	瞄准梦想
被动完成所布置的作业和工作	主动完成其他作业与工作
有多大希望，付出多大努力	为百分之一的希望付出百分之百的努力

把握了上述的区别，多以“全力以赴”的方式要求自己，那么你也能挖掘出自己最大的潜能，让自己创造出最大的价值。

最后，请你记住一些知名人士关于全力以赴的精彩观点，以此激励自己吧。

物理学家爱因斯坦:“一个人只有以他全部的力量和精神致力于某一事业时，才能成为一个真正的大师。因此，只有全力以赴才能精通。”

日本企业家松下幸之助:“在一个人的一生中，如果没有一样东西能使你产生拼命以赴、全神贯注的热忱，那你的人生可以说是很可怜。”

物理学家霍金:“生活是不公平的，不管你的境遇如何，你只能全力以赴。”

五、制心一处，无事不办

持志如心痛。一心在痛上，岂有工夫说闲话、管闲事？

——王阳明

学生最关心的是成绩。如果要问什么习惯最影响成绩，不少有经验的老师和“学霸”，都会说是分心。那么什么最能使成绩提高呢？就是专心。

《遗教经》中有一句名言：“制心一处，无事不办。”其实，不只是学习，干其他事情，专心致志也是成功的最重要因素之一。

第一，重视神奇的“意焦成功学”。

先分享一下我自己的体验吧。

在中学的时候，我本来学的是理科，因为物理成绩格外好，最后两个学期，考试都没拿过九十九分，都是一百分。但是因为格外喜爱文学，所以竟然在高考前的两个月，临时改变志愿学文科。因为当时历史、地理的基础都很弱，结果当年差四分没有考上大学。

第二年复读，如何将短板补上去，就是我考虑最多的问题了。当时觉得最重要的就是专心，专心到忘神的程度。举几个小细节：

冬天放热水泡脚，我手中拿一本书看，入迷了。常常水早已变得冰冷了还不动，直到家里人提醒才知道。

放学回家，有时还主动帮家里放牛，但总是一边牵着牛，一边读书。有时候天黑好久了，我还沉醉在书中，那头懂事的牛就开始用鼻子来碰碰我的背部，提醒我该回家了。我抬头一看，村里的灯光早就亮起来了。这时我再去看书，发现刚刚还能朦朦胧胧认得出的字，再也认不清了——当时的入神可以到这个程度。

我为什么如此专心，与我读到的一篇当时轰动一时的报告文学《哥德巴赫猜想》有关。其中有个细节给我留下十分深刻的印象。

著名数学家陈景润在学习和研究问题时，总是格外投入，甚至到忘神的程度。

有一天，他一边走路一边思考问题，一不小心与什么硬东西碰了一下。他连连道歉："对不起，对不起。"其实，他撞到的根本不是人，而是一根电线杆。

专心致志地学习，让我的文科成绩也飞速提高。后来我如愿以偿考上了自己向往的重点大学。

尝到了专心的甜头以后，再遇到任何要研究的东西，要写作的文章和书，我都把专心作为我最重要的措施去完成。

再后来，我研究了许多优秀的科研人才，发现他们都有一种专心的力量。于是，我总结出一种成功学——"意焦成功学"。

通过研究，我发现许多人做成一件难以做成的事，往往是在心中形成了"意焦"。

"焦"就是焦点，而"意"，包括三方面：

第一，意愿，就是你明确要达成的目标；

第二，意志，就是你"不达目标誓不休"的决心；

第三，意识，在这里的意思就是你在心里要时刻惦记这个目标或这件事。

"意焦"就是要把上述三种"意力"集中于一处，以产生最大的效果。"意焦"的价值，不仅在于能够调动你意识到的力量，更能刺激你的潜意识，形成习惯，形成条件反射，使问题时刻都在经受你全方位的“轰击”，从而最大限度地突破问题。

第二，不要“五心不定，输得干干净净”。

与专心致志相反的就是分心。

一次，美国石油大王约翰·洛克菲勒和一位朋友一起乘车在乡村公路上行驶，遇到一个男孩驾驭着一架马拉的雪橇，上面装着一些木桶。两个人都注意到这个快乐的孩子在晴美的天日下吹着口哨，欢喜若狂。

对此，洛克菲勒做鬼脸说：

“这个年轻人将一辈子不会有成就。”

迷惑不解的朋友问他为什么，洛克菲勒很快回答说：

“因为他心里不想着赶马，而这是他的正经事。”

洛克菲勒的观点值得思考。别看是一件小事，但是要养成一个好习惯：对自己该做的事情，就全身心地投入，绝不三心二意，而是将所有的注意力、情感、责任心等全部集中在它上面。

人的精力是有限的。如果同时分心做很多事情，往往一件事情也做不好，在学习上尤其如此。

《你只是看起来很努力》作者李尚龙曾是新东方的英语老

师，他讲过这样一个故事：

有一次上课，一个女孩子垂头丧气地对他说："老师，我考了四次英语四级，可是还没过，不知道究竟是什么原因。"

李尚龙问："你真题做了吗？单词背了吗？"

这位学生便拿出已经翻破了的真题，说："你讲的所有的题目我连答案都记得，单词书也背了很多遍了。我这么努力，为什么过不了？"

李尚龙看着这个学生满满的笔记，心中也充满疑惑：这位学生看起来很努力啊，英语四级考试难度也不大，每年通过率大约有百分之八十，为什么她就过不了呢？

后来，他发现了一个问题：这个女孩来上课总是很匆忙，有时也逃课，到后来根本就看不到她了。

结课那天，他走到她平时坐的位置，问总是坐在她座位边的一个女同学："你认识她吗？"对方回答说："认识。"再问："她为什么老逃课？"对方回答说："是事情比较多。"

原来，那个同学关心和忙乎的事情太多了，既是学生会干部，同时又兼几个社团的团长。这么多事情要忙，她怎么能把英语学好呢？

李尚龙分析说，学习英语是一个特别需要独处的过程，需要一个人读很多遍，安静地背许久才能印在大脑里。而她只是做了一些真题，草草地对了一遍答案，然后就冲出自习室继续做其他事情了。难怪一般人容易过的英语四级考试，她老是过不了。

是的，学习和工作，是必须集中精力才能成功的，想蜻蜓点水一下，之后就去干别的事情，往往难以成功。

真是“五心不定，输得干干净净”。想什么事情都去做，可能什么事情都做不好！

我们不妨来思考一下一篇文章的这段话：

“一个为了练习左手运球的篮球运动员，可以每天坚持用左手写字、左手吃饭；一个为了破校运会跳高纪录的运动员，每天上学路上坚持单脚跳着去……因为他们知道，付出越多，收获便越多，功夫总是不负有心人。”

著名心学大师王阳明在《传习录》中有名言：“持志如心痛。一心在痛上，岂有工夫说闲话、管闲事？”

这些话的意思是：守持自己的心志，就如同心痛一样。念念之间，一心都专注在痛楚之上，哪里还有时间和精力去说闲话、管闲事呢？

因此，遇到不断分心的时候，要赶紧收心，聚焦在应该实现的目标上。

六、心能宽一寸，路便宽一丈

治心以广大为药。

——曾国藩

“人生的路啊，为什么越走越窄？”这是多年以前，轰动全国的一次青少年研讨话题。

关于这一话题，我们可以从许多角度去研讨，而且可以继续探讨下去。

但是从个人成长的角度来考虑，一个人心胸是否宽广，与他的道路是否宽广有着密切的关系。

第一，“君子量大，小人气大”。

2017 年 2 月，一则新闻轰动了全国：在武汉火车站，一个面馆老板与一个年轻顾客争执，被这个年轻人用刀残暴地砍掉了脑袋。而争执的原因，竟然是为了一元钱！

这个耸人听闻的事件是怎么发生的呢？

三个年轻人到这家小面馆吃了三碗标价四元一碗的面条，在结账的时候，老板姚某说提价了，每一碗是五元钱。其中两个年轻人没有说什么，但另一个年轻人胡某就质问：“为什么标价四元要卖五元？”姚某可能做了一点说明，但无法说服对方，两人情绪越来越大。姚某不仅踢打了胡某，而且还说：“吃不起莫吃，你给老子滚！”

这一来，彻底激怒了胡某，导致惨案发生。

这则新闻一报道，立即引起全国各地的热议。有的说老板太过分，有的说这个年轻人太残暴。

这些评论都是对的。但是有一点也该引起人们的深思：仅仅为了一元钱的争执，至于闹出人命来吗？姚某如果不那么斤斤计较，矛盾就不至于发生和激化。胡某如果不走极端，也不至于在剥夺别人生命的同时，也把自己送上绝路。

这样的案例的确是极端，但遗憾的是，类似这种因为小事导致矛盾丛生，甚至出现人命案件的事情，在青少年中却也不少。在我的《孩子，你该如何自我保护》一书中，我收集了不少真实的案例，同样让人触目惊心。比如，两个同学，因为在篮球场上打球起争执，一方把另一方杀死；一个同学睡觉打呼噜，被另一个同学拍下来放在网络上公布了，之后一场命案也由此发生；一个来自农村的女同学因为被同学瞧不起，就趁着夜色将硫酸泼到同学脸上，将别人毁容了，也将自己的人生毁掉了……

是的，对这些问题要进行生命教育、法制教育等，但是不是也要进行心灵教育，让心胸更宽广呢？

有一句话说得好："太阳光大，父母恩大；君子量大，小人气大。"

还有一句话是："居心宽大，条条大道；待人刻薄，处处荆棘。"

事实证明，在漫长的人生路上，一个人如果心窄，处处是险途；心宽，条条是大道。

第二，成功 = 胆量 + 力量 + 肚量。

这是我总结的一个成功学的公式，胆量就是要具备勇气，力量就是要拥有能力。但还有一点必不可少，就是肚量，也就是胸怀。

2006 年，一个中国女孩成功当选为美国哈佛大学研究生院学生会主席，被称为"哈佛总统"。这次当选，改写了哈佛大学多年来没有中国籍学生会主席的历史。创造这一奇迹的学生名叫朱成。

在哈佛大学这样一个人才济济的世界级高等学府里，强手如林，朱成又是怎样成功当选的呢？

在经过了初选、复选后，朱成和另外三个学生成了最后的人选，他们分别是哈恩、吉米克和隆德里格斯。其中，隆德里格斯是朱成的最有力的竞争对手。

由于竞争激烈，另外三个对手相互曝丑闻。首先，隆德里格斯爆出了哈恩和吉米克的丑闻，说他们的家庭和人品有问题，并举出了有关的例子，来降低对手的竞选支持率。

隆德里格斯也诬蔑朱成，说她以救助南非孤儿为名侵吞了大量捐款，而那个孤儿还流落街头。

整个学校的学生都静观他们之间的这场恶斗。

朱成也因为这个谣言，很多“选民”开始用另一种眼光看待她，致使她的人气一路下跌。为了证明自己的清白，朱成在学校召开了新闻发布会，并特地跑到南非，把那个女孩带到学校，还出具了她现在生活得很好的证明。

这让隆德里格斯的谎言不攻自破。哈恩和吉米克还没有澄清自己，隆德里格斯就被证实了有说谎行为，朱成的获胜概率又提升了几分。

为了报复隆德里格斯，哈恩和吉米克曝光了一段录像带，是隆德里格斯在一家中国超市里被警察询问的录像。他们说，他因为偷窃而被抓。有这样的行为和污点的人，哈佛怎么能够容忍他成为学生会主席？

隆德里格斯百口莫辩。此时，有利的局势再一次倾向了朱成这一边。

在竞选的最后一刻，四个竞选者一起召开了新闻发布会。

朱成走上台，说："同学们，我今天想先告诉大家一件事情，就是关于隆德里格斯在超市行窃的事。"

她说："事实上，隆德里格斯是因为帮助老板抓到了小偷，而被警察询问情况的。打这个电话可以查明情况。"说着拿出一张写了电话号码的纸。

瞬时，整个发布会现场哗然。隆德里格斯更是惊呆了，他没想到被自己当初诬陷的对手，现在居然会帮自己说话！

其他人更是不明白为什么，要知道隆德里格斯一旦重获清白，就会成为朱成最大的对手。朱成的助手在台下急得直冒汗。

面对大家的疑惑，朱成说："我只是希望这次竞选能够公平一些，这样赢得的胜利才有意义。"

最后，隆德里格斯宣布退出竞选，并且号召别人把票投给朱成。他说："我无法做到朱成的真诚与宽容，已经输掉了竞选。"

从朱成和她的竞争对手身上，我们也再次看到了“心宽”与“心窄”两种人在竞选中的遭遇：

心窄的人，处处为自己设置通向前程的障碍；而朱成的宽容，为自己开辟了一条通往胜利的更平坦的大道！

如果我们能够多一点长远的预期，走光明大道，那么相信我们的人生路，一定会越走越平坦，幸福也就随之而来。

会宽容他人，你的生活才会变得更加快乐。

是呀，正如曾国藩所言：“治心以广大为药。”我们要训练心灵，治理心灵，关键是在“广大”两字上下功夫。

学会在心中把自己缩小一点，把别人放大一些吧。

把自己一缩小，你的世界就会变大！

第三章
自己的事情自己做，自己的责任自己扛

（你该如何做自己成长的主人？）

一、也许有人能为你提供天空，但无法提供你腾飞的翅膀

二、要想有出息，先治“巨婴症”

三、先忍受寂寞再成为高手

四、总从别人身上找原因，你永远不能进步

五、命运在自己手里，不在别人嘴里

六、培养“结果思维”，选择决定命运

一、也许有人能为你提供天空，但无法提供你腾飞的翅膀

每个人都必须去承担生命中自己的那一份忧伤，否则就不会知道什么叫作幸福。

——李嘉诚

《管好自己就能飞》是近年来很受欢迎的青少年自主成长励志畅销书之一。记得在刚刚出版时，中央电视台新闻频道对此进行报道，我作为该书的点评人，在接受记者采访时讲了这样一段话：

“别人也许可以提供天空，但是提供不了你腾飞的翅膀。别人也许可以提供道路，但是提供不了你奔跑的双腿。你得学会自我负责、自我管理、自我成长！”

是的，假如你要对自己的人生负责，你就首先得明白：

成长是自己的事情，谁也没法代替。

第一，谁也不可能帮你一辈子，你最好学会尽早承担。

2017 年高考期间，一则新闻引起了千万人的注目：南京栖霞区一名考生拼车赶往考场，结果迟到一分钟，被依规禁止进场。

据悉，该学生还是一个复读生，误事后不断哭，不敢回家。

这则新闻引起了“是不是太严了”的议论，但绝大多数人的意见，都是批评这孩子不懂事：高考是关系到你一生命运的大事，既然这样重要，为什么还要去拼车？不管是不是出于省钱的目的，这种做法，是不是对自己太不负责了？

这个案例，的确很生动地说明了某些青少年的毛病：该自己办好的事情都不上心，甚至连基本的责任都无法尽到，怎么能创造好的命运呢？

是的，对自己尽责是需要费心的，有时还是有一些烦恼和痛苦的。但优秀的人，往往是早早学会尽责的。他们往往不仅对自己尽责，而且在力所能及的范围内，尽可能对别人负责。

少年时光和青春时光都是很美好的时光，我们都期望更多地游玩，更多地享受人生。

假如你是一个男生，一直享受每天去上学，在学校中除了学习还和大家一起游玩的生活。突然有一天，你回到家，妈妈要求你帮忙干活，而且干活时班上的女生也许会出现在你眼前。你会不会觉得突然、尴尬甚至难以接受？

这种情况，曾经就真实发生在一位知名企业家的中学时代。

稻盛和夫是日本当代“经营之圣”，小时候家里很穷。在他读完初中后，家里已经没有条件让他再上高中了，但稻盛和夫坚决要去读书。为此，从来不动气的父亲给了和夫一巴掌，这是和夫有生以来第一次挨父亲的揍。但最后父亲还是把家中最后的一笔财产——乡下的三亩土地卖了，作为供和夫上高中的资金。

每个上学的孩子都有娱乐的愿望。没多久，他就像其他男孩子一样，爱上了当时盛行的垒球。每天放学后，他都要在学校的球场上玩个尽兴才迟迟回家。有一天，他很晚才回家。平常总是十分和善的母亲，格外严肃地说出了这样的话：

“和夫，你当时是坚决要求，家里才费了那么大的劲供你上高中，难道就是为了让你一天到晚去打垒球的吗？难道你没有看到你父亲为了这个家，是怎样在从早到晚拼命吗？”

妈妈的话给了他极大触动，他决定放弃自己所喜爱的垒球，而帮家庭减轻负担。每天一放学，他就急忙赶回家，帮忙把家里做的纸袋子拿到外面去卖。

像他这样大的孩子，自尊心是很强的。开始的时候，和夫既害臊又胆怯，一出家门就赶紧低头骑车，生怕见到左邻右舍和熟悉的人。到了小商店的门口，他也要踌躇半天，才能鼓足勇气进去推销。

而令稻盛和夫最为恐惧的，就是在路上碰到班上的女同学。一遇到这种情况，他总是再也不管什么生意不生意、推销不推销，赶紧猛蹬车，抄边上的小路，一道烟似的溜得无影无踪。要是“狭路相逢”，实在无路可逃，他就只有低着头，涨红着脸，恨无地洞可钻了。

稻盛和夫也有过打退堂鼓的想法，但是每当他想起自己家庭的困难，想起自己上学的钱都是家里将最后一点财产卖掉而来的，他就对自己说：“和夫，你和别人不一样。你必须把你要尽的这一份责任担下去！”经过最初的犹豫之后，他终于变得能够适应这样的挑战了。

这段经历不仅给了他做生意的经验，更主要的是锻炼了他的心理承受力。当他后来成了日本当代最有名的企业家之一后，回想当初他在女同学面前的那副难堪，他感慨地说：

“帮助家庭，应该是每个孩子的义务，尤其是当我们明白父母不可能帮助我们一辈子的时候，尽早学会独立，学会去承担该有的责任，这是让自己最快成长的途径。”

是的，你越早学会承担，就越能长本领。当你长大后，你一定会对这么早就开始承担的自己致谢！

第二，替你等于害你，自己的事就得自己做。

在你的家里，有没有出现下面这样的情况？

爸爸妈妈或爷爷奶奶、外公外婆总是对你说："孩子，你只要把学习搞好就行了，其他的事情我们来做。"

应该说，这不是一个少见的现象。在我讲课的过程中，我做过一些调查，不少学生都承认这种现象在自己家中时有发生。

那么，不让你做该做的事情，甚至连最简单、最起码的家务也不做，真的对你好吗？恰恰相反，它还有可能害了你。

请看一篇有关"天才少年严永明辍学中科院"的报道——

严永明是湖南省岳阳市的"天才少年"，八岁就上了中学。只高中毕业的妈妈，看到孩子从小聪明过人，非常希望孩子能出人头地，也很有信心让他成才。孩子非常争气，十三岁考上了湘潭大学。

可是，妈妈认为孩子的自理能力太差，决定陪读。学校本来不同意，但是妈妈又哭又闹，学校没有办法，只好同意了。

于是孩子在妈妈严格的控制之下，没有娱乐活动，没有课余时间，不过孩子的成绩很出色，十七岁被中科院高能物理研究所录取为硕博连读生。

妈妈又要陪读，但这一次老师坚决不同意，并对妈妈说：

“你要再这样下去，孩子就毁了。”于是，妈妈就放弃了陪读。

但是，半年以后，学校还是让孩子退学了。因为严永明虽然成绩很好，却高度缺乏创造性和办事能力，除了读书什么也不会，是一个高分低能的人，所以只好退学。

这时妈妈才意识到了自己的教育方法有问题，开始反思。于是，她教孩子洗衣服，可是他学了一年都还没学会。对脏东西，他只会拿手指抠，不知道洗，毫无生活能力。

因为代办孩子该自己办的事，导致孩子的命运悲剧，恐怕不是这位妈妈的目的，但是她的行为却导致了这样的结局，能不后悔吗？而这位天才也心安理得地接受妈妈的照顾，最终得到这个结果，恐怕也是后悔莫及。

这个案例虽然很极端，但值得我们警醒：

任何人都得学会做事。如果不会做事，成绩再优异，进入社会后也会觉得寸步难行。

不让你做该做的家务，只是一个小小的方面。实际上，类似的事情还有很多，比如，自己的作业要爸妈或同学代替你做，该你参加考试，却找人代考等。

记住，假如你让别人代替你思考，你就不可能变得聪明；让别人帮你做事，你就不可能能干，甚至可能成为低能儿。

正如著名家庭教育专家“知心姐姐”卢勤所言：“替孩子等于害孩子。”你得学会不依赖任何人解决所有问题。

不妨再看著名盲人歌手杨光的成长故事。

杨光出生于哈尔滨一个普通工人家庭，八个月时因病双目失明。尽管这样，母亲付红就像正常人一样要求儿子。从杨光三四岁开始，付红就让他自己穿衣、穿鞋、上厕所。从杨光五岁多开始，付红就开始有意识地教他做一些家务活，包括洗菜、切菜。刚开始切菜，杨光不仅切得很慢、厚薄不均，而且常常一不小心就切到了手。

这让杨光的奶奶很心疼，忍不住责怪付红。但付红却说："我们不能一辈子跟孩子在一起，我希望孩子将来即使没有我们，也能生活得很好。"付红还对杨光说："如果你能学会切菜，那么别的也能学会，将来还能做更大的事情。"

在妈妈的鼓励下，杨光不仅学会了切菜，做饭、洗衣等对他来说也没有任何问题，他完全可以像普通人一样自己照顾自己。之后他学习音乐，也克服了许多想象不到的困难。后来，在中央电视台《星光大道》年度总决赛中，他竟然一举夺得总冠军！

是的，自己的事自己做，自己的苦自己吃，这应该是青少年学会独立和负责的最好途径。

连一个失明的人都可以做得到，而且取得这么好的成绩，你还有什么理由，让他人代替你呢？

第三，不要让人帮你摆平你所犯的错误，否则从犯错到犯罪就只有一步之遥。

有一些青少年，尤其某些家庭背景好的青少年，还有一种习惯性思维：他们往往因为过于自我，犯下某些错误，当无法解决时，就寄希望于自己的家庭来帮助自己解决。而有些家庭，的确还会帮孩子去“摆平”那些事情。

例如早几年轰动一时的“李某某事件”发生后，众多媒体和知名人士都发表评论。其中“知心姐姐”卢勤对此事件的评价，更值得我们重视：

“如果一味宠爱孩子，什么事都顺着孩子，反倒会害了孩子，从犯错到犯罪也许就是一步之遥。”

其实，人都有可能犯错，但是犯错了就得承担责任，尤其要通过反思去吸取教训。

假如持有“出了问题我不怕，反正有人为我扛着”的心态，其结局往往是成了一个“坑爹”的人，害人害己，后悔莫及。

二、要想有出息，先治“巨婴症”

如果他是一棵软弱的芦草，就让他枯萎吧；如果他是一个勇敢的人，就让他自己打出一条路来吧。

——法国作家 司汤达

“巨婴症”本来是一个医学概念，后来渐渐成为一个社会学和心理学的概念：一个人年龄已经很大了，甚至早应该进入社会了，但是心理上还停留在婴儿阶段。他们不会承担自己该有的责任，却对他人有着无休止的索取与要求。

有这样心态的青少年，一定会大大阻碍必要的成长。在家里，他们会成为家人无法卸下的负担；在学校，他们会成为老师与同学的麻烦；在单位，他们会成为最不受欢迎的员工。

要想以正常方式成长，尤其是要成为一个有出息的人，首先就得向“巨婴症”挑战。

第一，从只知道索取到主动奉献。

“巨婴症”的第一个特点，是只知道索取，就像一个只知道向母亲要奶吃的孩子。

十多年前，南京大学一公告栏中贴出了“辛酸父亲给儿子的一封信”，这位“辛酸父亲”在信中所讲的儿子的一些事情，就是这种只知道无休止地向父母索取的表现。

这位大学生是该家几代才出的唯一大学生。当他考上大学时，父母为他骄傲和高兴，但是之后就难以高兴起来了。因为他读大学第一学期，父母收到过他的三封信，加起来也根本没几个字。“言简意赅，主题鲜明”——一个“钱”字，特别工整而且清晰。

这位同学说自己学习很忙，没时间写信，但是他给高中时代的女同学写信，却能洋洋洒洒几十页，而且每周一封。偏偏这位女同学还与他们家住同一个院子。父母每次从收发室门口过，看着那熟悉的字，忍不住心痛无比。

当时他妈下岗，他爸微薄的工资也不够他出入卡拉 OK、酒吧和餐厅。他不仅没有半句安慰，居然破天荒来了一封长信，大谈别人的老爸老妈如何大方。最让他父亲伤心的是，这年暑假他居然偷改入学收费通知，虚报学费。他在父母的心上戳了重重一刀后，又重重地撒了一把盐……

这位父亲最后质问了这么一句："不知在大学里，你除了增加文化知识和社交阅历之外，还能否长一丁点儿善良的心？"

这位家长的信，真实说出了一些家长的心声：许多孩子，对尽全力支持自己的父母，不仅没有任何感恩与体谅，反而无穷地索取。这样的孩子，成了家中永远的负担和痛苦的源泉，是不是该有起码的人性与良知？

只知道索取的青少年，到了社会上，往往也是强调待遇，不在乎尽责和付出的，也会成为单位最不受欢迎的人。南京博凡文化公司的总经理靳爱民讲过这样一件发生在他单位的事情。

一位刚刚毕业的女员工，应聘到该单位当客服。工作并不多，但她并不用心。而且有一次做活动，大家都在忙着把一些新书上架，她却说："给我的就是每月三千元钱，我只做三千元的事情。"

领导之后检查她的工作，发现她特别不负责，比如，有的客户问她简单的问题，她根本没有用心负责，而是让别人"你上百度去找答案"。既然要上百度找还需要她干什么？于是单位很快辞退她了。

要战胜这种"巨婴症"问题，就要学会尽早负责、主动负责，像第三章谈到的日本"经营之圣"稻盛和夫，就是能够尽早懂事、帮助家里减轻负担的人。

实际上，不管是在家里还是在社会上，主动付出的人，不仅并不吃亏，反倒能得到更好的成长与回报。

先让你的付出超过报酬，然后报酬会超过你的付出。

第二，从处处以自我为中心到学会尊重他人。

有着“巨婴症”的人，往往一切以自我为中心，不要说不考虑别人的利益和尊严，甚至连别人的感受都可以不在乎。

这是发生在一个学生宿舍的真实故事：

大家已经就寝，但是一个学生在宿舍打电话，室友让他小声一点，他却发脾气，说：“打个电话都不行，你们想睡，可是我还不想睡啊。”

室友说：“只要你不说话，随便你干什么。”于是他把电话挂掉，开始唱歌。室友又不满了，跟他吵架，他还理直气壮地说：“我没说话啊。”

室友说：“只要你不发出声音，随便你干什么好吧。”于是他开着声音打游戏。室友又火了，说：“算我们求你了，只要别吵到我们，随便你干吗。”

于是他拿了包辣条出来吃。室友又跟他发火，说：“你能不能别影响我们睡觉？”

他却有理，狠狠地说：“有句话叫‘事不过三’，我已经让了你们三次，现在我不会让了。我有我的生活，你们别来打扰我。”

明明是他打扰了别人，还要别人不要来打扰他。这样的人，是不是“巨婴症”在作怪？这样的人，在学校不会受欢迎，到了社会上更是寸步难行。

自主管理畅销书《做成长的主人》中的第一章，就讲了这样一个观点：“长大的第一个标志，就是开始关注别人的感受。”“当我们不再以自我为中心，就开始受欢迎了。”这两句话，值得总是以自我为中心的青少年们借鉴。

那么，该如何尊重和关注别人的感受呢？从最近微信上的一篇热文，我们可以得到很好的启迪。

该文名为《不必致歉的——致歉信》，为房地产企业家许先生所写。他记录了一次乘飞机的经历。

当时他搭乘上海飞悉尼的CA175航班。刚登上飞机，空姐送上了巧克力和一封致歉信。开始他想，这可能是航空公司提高服务质量的举措，因为飞机误点之类的事，想取得乘客的谅解。但仔细一看，竟然不是，而是一位旅客用中英文写给乘客的：

各位爷爷奶奶、叔叔阿姨：

晚上好！

我是一个刚满六个半月的小宝宝，在此向你们请安了！今天有幸和你们同乘一个航班去悉尼。在乘机过程中，也许会因为我的哭闹影响到大家的休息，对此我深感不安和歉意！我妈妈会尽可能地安抚好我。请大家多多包涵！谢谢大家！

小宝宝敬上

2017年3月28日

看到这封红色的致歉信和爱心巧克力，许先生很感动。他感慨道：

“才六个半月的孩子，第一次出远门，十多个小时的飞行，即使在旅途中哭闹，也是正常的事。这是一封不该致歉的致歉信。但是，这位年轻的母亲却代替自己的孩子，做了这样的举动，不仅让人敬畏文明的高度，更感动于如此多的远行准备中，对陌生同机旅客的礼貌、关爱和友谊。”

这个年轻母亲的做法，是不是与前面那些学生形成了鲜明对比呢？

如果我们都能像这位年轻的母亲一样，时刻重视别人的感受，不仅我们获得了更好成长，同时是不是也让社会有更多的和谐与温暖呢？

当然，有“巨婴症”的人，并不限于上述表现，还包括什么都期望别人替代——代学、代考、代做；包括受不得一点委屈，不包容别人，却期望所有人包容自己；包括还像在母亲怀抱中一样，希望别人对自己“百依百顺”，有求必应，等等。

只有紧紧抓住“对自己负责，对别人负责”这两个关键点，才能从根本上治疗“巨婴症”。

三、先忍受寂寞再成为高手

凡是将来有一天许多人或能实现的事，现在寂寞的人已经可以开始准备了……你要爱你的寂寞，负担它以悠扬的怨诉给你引来的痛苦。

——奥地利诗人 里尔克

现在的青少年大多喜欢热闹，不喜欢寂寞。

这完全可以理解。按照亚里士多德的说法，人是“社会性动物”。在某种程度上，人的天性就是害怕孤独、厌恶孤独，尤其是在这样一个浮躁的年代，外面各种诱惑那么多，要忍受孤独和寂寞，的确是一件不太容易的事情。

但是，不论是在学习上要有好的成绩，还是工作中要有好的成果，尤其要成就一番大的事业，都必须学会忍受孤独与寂寞。

关于重视孤独与寂寞价值的名言有许多，如德国哲学家尼采说的："一个伟大的时代，需要几个孤独的灵魂。"美国思想家爱默生说的："凡是有灵感的地方就必然会有孤独。"

而我觉得，对当代的广大青少年而言，关于寂寞的论述，最接地气，也最能让大家有共鸣的，可能是这么一段话：

"没人鼓掌，也要飞翔；没人欣赏，也要芬芳。一个人善于独处时，仿佛一支强大的队伍正静静行走……"

这段话为《中国青年报》总编辑张坤所写，很有诗意又深含哲理。

"没人鼓掌，也要飞翔；没人欣赏，也要芬芳。"讲的是在寂寞中应该有的好状态。而"一个人善于独处时，仿佛一支强大的队伍正静静行走……"告诉我们，寂寞与孤独并非无力，如果你善于独处，反倒拥有如一支部队那样强大的力量。

你也许会说这说起来容易做起来难。的确不容易做到，但是，有的人正是这样做的，并以此证明了这种追求有多大的力量。著名歌手周杰伦就是其中一位。

享誉华语乐坛尤其是在青少年中有广泛影响的周杰伦，他成长的过程，比起我们一般的青少年要坎坷得多，可以说是一部在孤独寂寞中奋发向上的血泪史，他一次又一次遭到冷遇，终于成功。

我们不妨通过他的奋斗史来分析一下，在成长的过程中，我们遭遇各种寂寞和挫败的时候，该以怎样的姿态去面对。

第一，不管走怎样的弯路，也不忘初心。念念不忘，必有回响。

周杰伦十四岁时父母离婚，他在母亲的抚养下成长。之后他又遭遇失败，没有考上大学。但是，因为没有放弃对音乐的追求，他就开始在这方面不断努力发展。

高中毕业后，他应聘到一家餐馆当了名服务生，每天的工作就是把厨师做好的菜送到餐厅，再由女服务员端到客人面前。这份工作看似简单，实际上很辛苦。周杰伦有时候就以音乐来打发这枯燥而辛苦的时间。

有一天，他心情不错，托着一盘菜，边走边听歌，一不小心竟与一位女服务员相撞。一盘热菜全部洒在了那位女服务员的身上，她的手被菜烫出了泡。餐厅经理赶了过来，毫不客气地把他痛骂了一通，并罚了他两千元台币。周杰伦一句话也没说，泪水直往肚子里咽。要知道，他那时的月薪才四千元台币，一下子就被经理扣掉了一半，能不伤心吗？

不久，餐厅老板为提高餐厅的品位，在餐厅里配备了一架钢琴，想趁客人吃饭的时候奏乐助兴。可请来了好几位钢琴师，都被炒了鱿鱼。一天下班后，周杰伦趁老板不在，忍不住用钢琴弹奏了一首歌曲，琴声动听。老板闻讯，立即让他担任琴师，在大厅里弹奏自己创作的乐曲。几天后，老板又通知当地的电视台，说他那里的服务生不仅会弹钢琴，而且还能写歌曲。这一举动，不仅提高了餐厅的知名度，而且还节省了一大笔请琴师的开销。此后，周杰伦再也不用当服务生了，而是每天坐在钢琴前弹奏，还能自己创作曲子。

周杰伦的这一段故事告诉我们：假如你不能做自己热爱的事情，假如你一时遭遇挫败不得不走弯路，寂寞是难免的。但是，有原动力的人会有无穷的力量。永远不要忘记自己的初心。坚守它，总有一天，你就会得到回报。

第二，不管是来自条件的不如意，还是来自别人的“折磨”，积极的心态是让你反败为胜的关键。

后来，周杰伦报名参加了当地一家电视台的娱乐节目《超级新人王》。他请了一个朋友和他一起演出，朋友唱，他伴奏，但那个朋友歌唱得很烂。

当时著名的音乐人吴宗宪发现了他：“我从裁判的肩膀后头看了一眼乐谱，结果惊为天人，非常复杂，做得很棒。”之后，就签约让他加入了自己的公司。

开始的时候，周杰伦的职务是音乐制作助理，其实就是打杂儿，帮同事买盒饭是他每天的“保留节目”。他知道自己是新来的，要想在音乐公司混口饭吃，就要帮同事多“跑腿”，所以总是很勤快。

吴宗宪把这些看在了眼里，心想这个年轻人做事踏实，不怕吃苦，但他老是这样忙，哪有时间写歌呢……于是，他给周杰伦配了一间办公室，让他专心创作歌曲。

周杰伦开始放飞梦想，很快他就创作出大量的歌曲。但是他创作的歌词总是怪怪的，吴宗宪总是失望地将周杰伦的手稿放到一边。

有一天，周杰伦又拿着自己的得意之作，送给吴宗宪审读。这次，吴宗宪见他得意的样子，便想刺激他一下，拿到手稿后，连看都不看便将那首歌曲揉成一团，随手丢进了身边的垃圾桶。

此情此景，让周杰伦心中感觉被针扎一样疼痛，他什么话也没有说，但他离开老板的办公室后，眼泪禁不住流了出来……

他并没有消沉，而是继续创作。接连一个星期，吴宗宪每天早上 8 点钟上班时，总能准时见到周杰伦的作品。终于，吴宗宪被深深地感动了，答应找歌手演唱他创作的歌曲。

你看，人的命运的改变，也是逐步的。进了吴宗宪的公司，首先也没有好的待遇，只是一个打杂儿的人。写出了作品，没有得到认可，反倒得到羞辱。这时候，有几个人心态上能保持积极？有的人会打退堂鼓，有的人会炒单位与老板的鱿鱼。

但是，优秀的人总有这个特点：不以别人的脸色改变自己的态度，而要用自己的态度改变别人的脸色。

第三，即使全世界否定你，你也不要否定自己。总有一天你会闯出属于自己的一片天地。

1998年2月，周杰伦又创作了一首名为《眼泪知道》的歌曲。吴宗宪将这首歌推荐给当时的天王级歌星刘德华演唱。不料，刘德华只轻轻瞟了一眼，便连连摇头说："眼泪怎么会知道，眼泪要知道什么呢？"当即拒绝演唱这首歌曲。

之后，周杰伦又为当时火爆华语歌坛的张惠妹写了一首歌——《双截棍》。他想张惠妹比较前卫，应该比较容易接受他创作的歌曲。然而没料想，他精心创作的《双截棍》竟被张惠妹毫不犹豫地拒绝了。

一次次失败后，一直渴望在歌曲创作方面有所成就的周杰伦迷茫了，他甚至怀疑自己的音乐之路到底还能走多远……

这时候，吴宗宪给了他最好的机会——他对周杰伦说：如果周杰伦十天时间，能写出五十首歌，而且可以从中选出十首，那么就帮周杰伦出唱片。

周杰伦马上夜以继日地创作，十天时间，周杰伦拿出了五十首歌，吴宗宪果然从中选出了满意的歌曲。

经过大半年的精心制作，周杰伦的第一张专辑——《Jay》

制作出来了。2001 年初，《Jay》一炮打响，一举夺得台湾流行音乐金曲奖的“最佳流行音乐演唱专辑”“最佳制作人”和“最佳作曲人”三项大奖。周杰伦的名字一下子红透半边天。之后，随着他的各种作品不断问世，他“拿奖拿到手发烫”。

当年自卑胆小的少年，后来成了无数年轻人心目中的偶像。

功成名就后的周杰伦说：

“我要感谢那些当初不演唱我的歌曲的人，正是因为他们没有演唱，才成就了今日的我。”

周杰伦的这份成功，正是告诉我们：

世界不给自己舞台，你自己也可以打造舞台。

即使全世界否定你，你也不要否定自己，总有一扇大门为你打开。

体育明星、“九球天后”潘晓婷讲得好：“先忍受寂寞再当高手。”

周杰伦的奋斗经历告诉我们：

不要害怕寂寞，生命是可以自己热闹起来的。

如果一时找不到外面的太阳，你完全可以学会自己发光。

你能主动选择在寂寞中奋进，你就能收获与众不同的成功。

四、总从别人身上找原因，你永远不能进步

假如你觉得自己的日常生活很贫乏，不要去指责生活，而应该指责你自己。

——奥地利诗人　里尔克

第一，强者总是反省自己，弱者总是责怪他人。

这是一些学生写给我的信件中，所记录的一些故事：

有个同学，跟朋友在电话里吵架，越吵越来火，把手机往地上一摔，摔坏了屏幕。之后，他竟然要对方出钱给自己去修，说因为是对方惹自己生气的，所以责任在对方。

还有一个同学，经常向同学借钱，而且往往借了不还。有一个她原本很要好的朋友就不再借钱给她了。她于是与这位好朋友绝交，而且四处说这位朋友“小气”。

……

写信给我的这些学生，心中都有些不爽。他们都说出一个共同的感受：本来这些同学自己就有问题，为什么总说是别人的错呢？

这样的做法，不仅惹来别人的不快，造成人际关系的紧张，更关键的，是让自己无法真正成长。

假如你对自己负责，就要时刻学习反思自己，改进自己。

李子钧是我一个朋友的女儿，小时候常来我们家玩。后来我到北京工作，再一次见到她时，她已经研究生毕业，在北京一家外资企业工作。

那天，她妈妈来北京，大家一起吃饭。我发现子钧不仅可爱，而且更懂事了，原来还有点小公主的以自我为中心，现在却格外懂得照顾所有人，于是不由得问她："你怎么有这么大的一个变化呢？"

她想了想说，这个转变来自她初中时的一次经历。那时候她事事好强，一次竞选某个岗位，她没有竞选上。回到家，她向爸爸哭诉如何不公平，竞争对手如何对自己不好。

本想得到爸爸的安慰，不料她爸爸沉吟了不到一分钟，就对她严肃地说了一句：

"这肯定有你自己的原因！"

那一瞬间，她傻了，委屈的泪水像决了堤的洪水。但冷静下来一想，觉得爸爸的话其实很有道理。于是，她不仅从这次事件中反思自己的缺点与错误，而且之后还养成了一个习惯——出现问题时先找自己的原因。

她发现这样做不仅能减少矛盾，而且更能让自己进步。

这其实已经在某种程度上掌握了成长的根本。只要是人，就希望受到尊重，也需要自我认可，所以当出现问题时，人们很难从自己身上找原因，总是容易首先责怪他人。

这是人性的弱点，但是假如能将其克服，出现问题时，第一时间去找自己的原因，去承担该自己承担的责任，不仅能让人际关系更和谐，自己也可以成长得更好。

第二，会认错不丢脸，会改错真进步。

人非圣贤，孰能无过？优秀的人并不讳言自己的缺点，而是勇于认错、改错。

在出现矛盾时，人们最不愿意接受的是有错而不愿认错的人。而这种人，往往活得很累，其人际关系也很紧张。但是，只要你勇于认错，这些问题就会迎刃而解。

著名作家梁凤仪曾写过一篇文章《我最不喜欢的人》，讲了一次亲身经历。

有一天，她应邀到北京大学去为同学们做报告。之前，她先去近郊参观中央电视台的一个拍摄基地。基地领导盛情地邀请她共进午餐，说一定可以准时赶上北大的活动。没有想到，等吃完了饭，途中遇上塞车，结果迟到了整整一小时。

一到做报告的大厅，她发现有近千人在等着她。主持人照顾她的面子，说："各位同学，让你们久等了，梁老师迟到是因为塞车，这是常见的事，是吧？"

这时，她赶紧站起来，向同学们鞠躬并道歉，说自己迟到了是因为塞车，在北京塞车虽然是平常事，但是她应该把塞车的时间计算在内。因她的疏忽与轻率而让大家等自己，不仅浪费了大家的时间，也影响了大家的心情。

"这不是我的错，是谁的错呢？我只能盼望你们原谅！"

接着，她又提到了她以后怎么做：

"经历这件事情，我学会了，以后在常会堵车的大城市，如遇上重要约会，我会提早到达现场附近，找间咖啡厅，坐下来，喝杯咖啡，以保证准时到场。知过而想办法改善，是赔偿过失的最好办法。"

结果，话一说完，出乎她的意料，满堂掌声。

梁凤仪在这篇文章中写道：

最近记者访问我时问："你最不喜欢的是什么人？"

我立即回答："不肯认错的人。"

不肯认错的人不可爱，因为他没有胸襟去承认自己的过错，没有风度去向受害者道歉，没有勇气去过自己的一关，没有智慧去看透认错之后所会产生的良好效果。所以这种人怎可能可爱？

与其运用自己的才智去找借口，隐瞒与掩饰自己的过失，倒不如爽快地、老实地、由衷地承认过错。认错是弥补过错的最佳良药。

是的，不少人出错了很怕自己丢脸，其实真正认错并不丢脸，反倒会增加别人对自己的尊敬。认错后再积极想法改错，这样就能真正进步了。

所以，以后遇到问题，可以这样去做：

出现问题，首先检讨是不是我的错；

遇到别人批评，诚恳反思和检讨自己的缺点；

有时还要主动请人挑自己的刺儿。

第三，要改变别人，先改变自己。

我有一个外甥叫彦博，是一个非常主动，有领导意识和能力的学生。有时，老师解决不了的问题，他也会主动帮助解决。他的人生观和著名职业经理人李开复有点类似：“活着，就是为了改变世界。”但是有一天，他遇到了一件让他纠结的事情。

正对着他们宿舍的洗漱间有一个地方坏了。他主动对大家说，我等会儿去反映一下。结果先是遇到老师找自己有事情，之后又是社团找自己有事情，且都是对大家有帮助的事。一忙，结果把这件事情忘记了。

刚刚回到寝室门口，就有同学问他向有关方面反映了没有，他解释："不好意思，刚才被几件重要的事情耽误，忘记说了。"同学很不客气地打断他的话，挖苦他说："那你做事很上心呀。"

那一瞬间，他的怒火一下被点燃了。因为他本来就忙得昏天暗地，而且其他人也可以去，凭什么他就要这样受到指责和挖苦呢？

他于是决定"教育一下"这位指责自己的同学，让他懂得少指责别人，多做点事情。但就在要发火的一瞬间，他突然想到，不管有什么理由，自己答应了的事没有做到，终究还是自己的错误。与此同时，他又想起前几天看到的一篇文章，《刻在威斯敏斯特大教堂的关于改变自己的箴言》：

当我年轻的时候，我的想象力从没有受过限制，我梦想改变这个世界。

当我成熟以后，我发现我不能够改变这个世界，我将目光缩短了些，决定只改变我的国家。

当我进入暮年以后，我发现我不能够改变我的国家，我的最后愿望仅仅是改变一下我的家庭。但是，这也不可能。

当我现在躺在床上，行将就木时，我突然意识到：如果一开始我仅仅去改变自己，然后作为一个榜样，我可能改变我的家庭；在家人的帮助和鼓励下，我可能为国家做一些事情。

然而，谁知道呢？我甚至可能改变这个世界！

于是，他立即调整了自己的心态，压住火气，带着笑容说："对不起，是我没有做好，我立即去办。"说完，连饭都没有吃，就立即去向有关方面反映，很快就把问题解决了。

经过这件事后，同学们对他更认可了，说他不仅能主动为大家做事，而且出现问题，首先检讨自己的缺点并立即改正。那个当初指责他的同学也主动说："我当初说了那么一句话，讲完后就有些后悔。我认为彦博会立即与我吵起来，但没有想到，他不仅没有与我吵架，反倒立即去把事情办好了。看到他这样做，我也很羞愧，以后，我也要向他学习，主动为大家多做点事情。"

假期回来，在与表弟、表妹交流时，彦博谈自己最深的感受就是：

“如果要为自己的过错辩护，总能找到理由，但是不找任何借口改变自己，不仅自己有实在的进步，而且真的是无形中也影响了别人啊。”

五、命运在自己手里，不在别人嘴里

你要把握自己的命运，不然别人就要来把握。

——美国著名企业家　杰克·韦尔奇

这世界上有一个很值得警醒的现象：有时，一句话足够消灭一个人的梦想，一个眼神也能捆住你腾飞的步伐。当然，这是在你不够强大又不够自信的前提下。这时候，你要懂得：你的命运最终只能由你做主，不能由别人来决定。

第一，当别人说"你不行"，你要守住"被嘲笑的梦想"。

人的进步与发展，往往是从有了不一般的梦想开始的。

伟大的梦想就是一粒种子，能让你长成参天大树。但是，在成为大树的过程中，会有不少冰霜风雨的考验。其中，别人说“你不行”，就是伤害力最大的一种。

这时候，不管是谁，不管他以怎样的方式说“你不行”，你都要学会守住自己“被嘲笑的梦想”。

中央电视台曾经播放过 NBA 球星肖恩 · 巴蒂尔讲述的自己的经历，应该给我们很好的启示。

他在平民家庭长大。十二岁的时候，他就像铅笔一样瘦，甚至女同学都觉得他长得很好笑。但是，他已经产生了强烈的篮球梦。有一天，他跟小伙伴们聊天，告诉大家说有一天他会到 NBA 赛场上去比赛。没有想到，不仅没有得到大家的赞扬和敬佩，反倒让他们哄堂大笑。他们说：“肖恩，你太瘦了，跑得不快，跳得也不够高，别白日做梦了吧！”

可想而知，一个十二岁的小男孩，听到这样的话会怎样伤心。但是，他对自己说：不管怎么说，你最该看中的是自己的想法！

为此，他每天早上和晚上都会看着镜子与自己对话。

早上，他会这样问：“肖恩，你都准备好了吗？今天你要竭尽全力，去接近梦想，一点点也好。”

晚上，他会这样问：“不要想昨天，也不要想明天，只想想今天：我是不是离我的梦想目标近了一点点呢？”

他每一天都在这样不断地练习，一点一点地进步，到十四岁时不仅个子长高了，打球的技术也提升不少。

当时有一个篮球运动员叫克里斯·韦伯，是NBA选秀的第一名。这个人成了肖恩·巴蒂尔的榜样。但是，他身边的伙伴们都对他说："你永远没办法像克里斯那样出色，你跑得不快，弹跳力也不行，你永远也不可能成为他。"

那么，面对这种情况他怎么办？他还是对着镜子里的自己说："你要知道，只有你自己的想法是最重要的。"之后不断地去努力。到高中毕业时，他已经赢得了三个全州的冠军，成了高中生中最棒的篮球运动员。

而且格外值得一提的是，在高中期间，他的目标不只是打球，还有好好上大学，这时候又有不少人说："肖恩，你不可能学习好，当然你也不需要成为一个很好的学生，只要好好打你的篮球就行了。"

他还是不信邪，他说："不，我不要这样子，我要成为一个很好的学生。因为我喜欢学习，喜欢看书。"结果打球、学习两不误，在整个四年的高中时间，他的成绩只得到了一个B，其他的都是A，后来如愿考上了美国一所著名大学。

大学毕业以后他加入NBA，这时候，依旧有人说他不够优秀。但是，后来的结局是，他已经赢得了NBA的两个总冠军。他对自己说："感谢我的坚守，让我的梦想成真了！"

肖恩·巴蒂尔的成功经历，给我们树立了坚持自己的梦想，并最终实现梦想的榜样。当遇到别人取笑你、看不起你的时候，我们就该像他那样去保卫“被嘲笑的梦想”。

不要怕别人说你的梦想“不切实际”，因为伟大的梦想，从来都“不切实际”！

可以伤心，但决不灰心。

可以动摇，但决不放弃努力。

当你坚守着这份“被嘲笑的梦想”，不断地努力，有一天，你就可能梦想成真！

第二，当别人说“你不行”，除了不在乎，就是更好地奔跑。

坚守梦想是很重要的，同时你也要看得起自己。

此外，当遭受别人否定、嘲笑、拉后腿的时候，还有十分重要的一点，就是更好地发奋努力。

有一次，我们全班同学，在大家毕业一段时间后回到母校。其中有一个活动环节，是由我代表大家向母校献书。当时，我已经出版了二十多本书。我不由得想起了我如何走上写作道路的过程。

当时大学生写文章的不少，但是向媒体投稿的并不多。那是大学的第二年，我就尝试着向一家杂志《湘江文学》投稿了。

文章没有被发表，我收到了退稿信。首次投稿没有发表固然难受，但更让我难受的是，有一天我去洗手间，听见一个同学向另一个同学偷偷嘲笑我。言下之意，我水平就那么高，竟然去投稿，真是不自量力。

那一瞬间，我的脸一下红到了耳根。我当时真是非常恨这个同学，连与他打一架的心都有，但更觉得羞愧。整整三个月的时间，我不再敢有任何投稿的想法。

终于有一天，我爬到宿舍的楼顶上眺望远方，我对自己说："是自己的成长重要，还是别人的看法重要？难道你要为别人的看法，捆住自己进步的步伐吗？"

立即，我听到了自己内心最深处的声音："不，命运是属于自己的，命运也要靠自己来创造。我为什么要在乎他们这样的看法呢？"

于是，我继续好好地写作并投稿，依然是一次又一次的退稿，每次退稿都对我是一种打击，同时我也能感到个别同学对我的嘲笑在继续。但是，我不在乎，继续写作并投稿。

终于在大学三年级的时候，我的第一篇作品在《电影文学》发表了，第二篇在《电影作品》发表了。我不仅拿稿费买了我一直想买的大衣，而且也获得了老师与同学的尊敬。在那年五四青年节，我荣获"武汉大学业余科研成果及创作乙等奖"，参加表彰会，由校长亲自颁奖表彰。

经过这件事，我收获了一种巨大的自信：在成长的过程中，你要勇于冒尖，不要惧怕别人的刺激、挖苦。不管别人怎么看不起你，你也得看得起自己。当你坚持为梦想努力，并最终成功，别人看你的眼光就会不一样。

《21岁当总裁》的作者、青年企业家董思阳曾经写过一篇文章《活着就要不停地奔跑》，里面有一段话非常精彩。我把它转送给你们：

“当别人用‘放大镜’‘显微镜’甚至‘歪曲的哈哈镜’去看你，去挑你的毛病的时候，你唯一能做的就是毫不理会这些，只专注于跑得更快，跑得更好，跑得更完美！因为你不是活在别人的言语中，你只存在于你自己的发肤中。你是为自己的梦想而活的。”

是的，命运在自己的手里，不在别人的嘴里。坚守自己的理想，继续好好奔跑吧！

六、培养“结果思维”，选择决定命运

不是别的，是人自己所做的选择，决定了自己的命运。

——法国哲学家　萨特

一个人的命运，在相当程度上是由他的选择决定的。

甚至有人明确提出：努力重要，但有时选择比努力更重要。

选择不同的方式会导致不同的结果，要以结果为导向，选择最理想的方式。

第一，要学会负责，就得训练“结果思维”。

多年以前，我是《中国青年报》的记者。在澳门回归前，我和同事们一起去采访。

在采访教育部门时，我发现有一门“公民教育课”非常具有借鉴意义。该课程是从初中一年级就开始学习的，其教育理念是“培养未来社会合格的公民”。这让我既震惊又兴奋：这不正是我们教育界开始提倡的“教育要面向未来，面向社会”吗？

公民教育课教材中的教育方式也让人大开眼界，尤其是第一课“命运抉择在我”，其课程是这样设计的：

“当你去你的好同学家里玩，他突然让你吸大麻，你怎么办？”

A. 拒绝吸大麻，然后从此不和这个同学来往。这样做的结果是什么？

B. 跟着同学一起吸大麻。这样做的结果是什么？

一般来说，有这样两个对比鲜明的选项就不错了，但最了不起的是，这门课上，还有第三个选项：

C. 还有没有更好的选择？这样做的结果是什么？

这就给了学生们充分的思考空间，能够让学生们学会去思考：怎样的方式会有怎样的结果？为了最好的结果，能否想出更好的方法？

这种让孩子学会思考、学会选择的方式，让我很振奋。我对当时同行采访的记者，现为《中国青年报》总编辑的张坤说：“这才是真正让孩子学会对自己负责的方法，也是让孩子变得更加聪明的方法。”

之后，我把这总结为“结果思维”与“方法意识”。

“结果思维”，是做任何事情都要考虑带来的后果。“方法意识”，就是根据结果导向，去选择最理想的方式。

缺乏“结果思维”，是青少年普遍的毛病。有的人一玩网络游戏就忘记了学习，成绩一落千丈。有的女学生被爸爸妈妈严厉地批评后就离家出走，结果被人卖到很远的地方。还有的学生，与同学闹矛盾，本来不算什么大事，冲动起来就拿刀杀人，结果害了别人也害了自己……

你选择什么，往往就得到什么，或者成为什么。且看一位年迈的北美切罗基人教导孙子们人生真谛的故事。

他说：“在我内心深处，一直在进行着一场鏖战。交战是在两只狼之间展开的。一只狼是恶的——它代表恐惧、生气、悲伤、悔恨、贪婪、傲慢、自怜、怨恨、自卑、谎言、妄自尊大、高傲、自私和不忠。另外一只狼是善的——它代表喜悦、和平、爱、希望、责任、宁静、谦逊、仁慈、宽容、友谊、同情、慷慨、真理和忠贞。同样，交战也发生在你们的内心深处，在所有人的内心深处。”

听完他的话，孩子们静默不语，若有所思。

过了片刻，其中一个孩子问：

“那么，哪一只狼能获胜呢？”

饱经世事的老者回答道：

“你喂给它食物的那只。”

第二，是你自己做决定，而不是别人代替你做决定。

能够做选择，才是自主的灵魂。

因为在做选择的过程中，有特别关键的一点，就是你自己做决定，而不是别人代替你做决定。

在这方面，球王贝利的成长过程值得我们借鉴。

贝利的父亲也是一位足球队员。贝利五岁时，父亲便开始教他踢球，贝利很快显示出了踢球的天分。

贝利十几岁时，有一次，父亲发现他在参加完一场激烈的比赛后，为了缓解疲劳，偷偷和几个孩子一块抽起了烟。看得出来，贝利很享受抽烟的感觉。

当晚，父亲问贝利是否抽烟了。贝利知道做错了事，低着头准备接受父亲的训斥。

这时，父亲从口袋里拿出几张钞票，放在贝利面前，严肃地说：

“你踢球很有天分，如果好好努力，将来会有很好的前途。但吸烟会损害你的身体，影响你比赛时的发挥。你自己决定：要么好好踢球，要么拿着这些钱去买烟抽，从此不再提踢球的事。你是愿意往好的方向努力，还是朝坏的方向发展，都取决于你自己。”

贝利选择了当一个好球员。从那以后，贝利再也没有抽过烟，而且在成名之后，拒绝接所有和烟酒有关的广告。

贝利的父亲通过一道“选择题”，让贝利主动熄灭了错误的“火花”，做出了正确的选择。在这里，贝利爸爸的教育方式值得赞赏，而贝利自己对命运负责，自觉选择对自己发展最好的方式，更值得学习。

是的，每个人在生活中都是躲避不了选择的。如果你自己不选择，那么别人与环境就会替你选择。

与其交出生活的自主权而处处被动，为什么不自己学会好好选择，自己当生活的主人翁呢？

第四章
没有白吃的午餐，也没有白流的汗

（成长的代价是什么？）

一、要当“天才”，先当“地才”

二、苦想没盼头，苦干有奔头

三、不怕“丢脸”，才会“长脸”

四、不留退路，才有出路

五、如果你过于珍惜羽毛，你将失去翅膀

一、要成“天才”，先当“地才”

信念只有在积极的行动中才能产生，并得到加强和磨砺。

——苏联教育家 苏霍姆林斯基

在追求成长与成功的路上，我们往往羡慕那些有天赋甚至有天才的人。我们没有取得进步的时候，往往就说自己缺乏天赋，不是天才。

但实际上，许多真正获得成功的人，真的把天赋与所谓的“天才”，看得那样重要吗？

不妨听一下著名歌星蔡依林的观点：

“大家都想做天才，但没有那么多的天才，那么就争取当一个‘地才’吧！多多付出，踏踏实实地付出，不要因为困难而中断梦想，永不放弃！

“有一些天才，因为骄傲自满导致半途就暗淡无光；有一些地才，会不惜把力气花光下苦功，让自己变得与众不同，甚至成为传奇。”

从蔡依林的这些话中，我们也许可以提炼出一个观点：

要当“天才”，先当“地才”。

第一，通过更多，做到更好。

那么，我们再来看看提出“地才”理论的蔡依林，自己又是怎样实践这个理论的吧。

蔡依林被娱乐圈的人称为“拼命三郎”“歌坛劳模”，连她身边的工作人员也说，她有时候简直就是个疯子，无论公司提出什么样的要求，她都能做到。

其实她的基础并不比别人强，但为什么每次演出都能给观众意想不到的效果？全在于她对自己的高标准和严要求。

为了做更全面的歌手，她总是多尝试新的东西，给音乐带来更多的活力。她苦练舞蹈，从零基础练成了舞蹈家，那些常人难以坚持下来的事情她全部做到了。她一路受挫，一路成长，一路收获掌声。

且看她让人难忘的一次经历：她在香港举办“唯舞独尊”演唱会，尽管演唱会只有两个多小时，但她却为此准备了三个多月。首场演唱会结束后，她已经累得连站都站不起来了。

换了其他人，首场演唱会那么成功，加上累到那种程度了，肯定会赶紧回去休息，但她却没有，而是将演唱会的DVD认认真真看了一遍，不放过任何一个细小的纰漏，以便在下一场改进。为此，她直到凌晨才上床休息。

更让人意想不到的是，第二天天还没亮，别人还在休息的时候，她已经早早起来彩排了。由于头天的演唱会消耗了精力，致使她根本就没有力气完成演唱会上最精彩的亮点之一——鞍马动作。在彩排时，这些动作全都失败了。

但等到晚上正式演出的时候，她又神采奕奕地登上了舞台。很多工作人员都以为，她会放弃鞍马动作，但让人没想到的是，她竟然漂亮地完成了这些动作，将演唱会再一次完美地呈现给了观众。这样的表现，让在场的所有工作人员都感动不已。

在香港的第一场演唱会结束的晚上，蔡依林在给歌迷的信中写道：

“……现在我又累又饿，脚指头也因为跳舞磨破皮，而且还在流血。但是我的心里却很满足，因为今天晚上我靠自己的努力，送给了自己一个最好的生日礼物。

“为了今天短短两小时的表演，我用了三个多月的时间。过程中我焦虑过，也大哭过，因为我不容许自己站在原地不动。”

短短几行文字，却让人动容。其实，真正的天才并没有几个，大多数都只是平凡人，他们之所以能够做到比别人更好，完成从“地才”到“天才”的跨越，只在于他们比别人付出更多，在于有“因为我不容许自己站在原地不动”的标准和要求。

第二，聪明人更要下笨功夫。

这是文学史上一个有名的故事。

巴尔扎克是18世纪法国最著名的作家之一。一天，一位老太太拿着一本旧作文本请他看，并问：

“大作家，你给我瞧瞧，这小子有没有天才，将来是不是块当作家的料？”

巴尔扎克接过看了看：

“嗯，他天赋不大，灵气不多，凭这当作家很难。”

老太太一听，大笑道：

“好小子，我以为你这位大作家一切都了不起，没想到你连自己三十多年前的小学作文都看不出来！”

不料，巴尔扎克一点也没有发窘，他笑着说了一段话，不仅使老太太再也笑不起来，而且不断点头称是。

巴尔扎克说了一句怎样的话呢？他说：

“我没说错呀，我所以有今天，全靠苦熬苦写，并不是全靠天赋和灵气啊！”

再来看著名的学者、文学家钱锺书吧。他的学问从哪里来？从他夫人杨绛先生介绍的一个小细节，我们也许能看到端倪。

钱锺书在牛津大学图书馆读书，他将这个图书馆戏称为“饱蠹楼”。这个奇怪的图书馆，图书概不外借，书上也不准留下任何痕迹。于是钱锺书就好好抄写，并将自己的感想写下。有一次，他读了一页书，居然做了十页的笔记！

这些成功人士的故事，让人不由得想起作家胡适曾经讲过的一句名言：

“聪明人更要下笨功夫。”

聪明人都下笨功夫，那么天资或天赋不如他们的人，是不是更需要努力呢？

是的，很多“天才”并非天生之才，而是打好基础，踏踏实实迈每一步，不断超越自我的体现。

让我们都从最简单的事情开始，让自己由平凡的现实起步，先做一个不懈努力的“地才”吧。

二、苦想没盼头，苦干有奔头

莫等闲，白了少年头，空悲切。

——南宋名将　岳飞

你想，理想离你很远。

你走，理想离你就近。

在年轻的时候，我们都会想很多很美好的事情，都喊着一定要完成。可是，不少人却只是想想而已，并没有去做。最终，所谓的理想往往就成了空想。

与此相反，真正的成功者都是“行动派”，他们绝不满足于想，而是好好干，苦干，最终梦想成真。

第一，说干就干，不要做“不生蛋的鸡”。

我曾经看过一段话，非常有针对性：

“你把性格交给星座，把努力交给鸡汤，然后对自己说：‘听过许多道理，但依然过不好这一生。’”

这段话，实际上讽刺了现在不少年轻人——不强调自己的奋斗，却喜欢看星座分析，然后把自己的性格归咎于星座决定了一切。与此同时，天天看心灵鸡汤，但是“有触动，缺行动”，结果对自己的成长毫无益处。

只有空洞的梦想和意愿，却不愿意付出艰苦的努力，最终只会是只“不生蛋的鸡”。与此相反，一些优秀的人都重视行动力，都是“以脚做梦”的人。

著名的作曲家谭盾，凭借为电影《卧虎藏龙》作曲，获得奥斯卡最佳原创音乐奖。他改变命运的故事，就很值得我们学习。

1973 年，谭盾还是一个毛头小伙子，正在湖南雷锋公社一边插秧一边拔脚上的吸血蚂蟥，突然听到高音喇叭响了：“同志们，这是一个特别的时刻，美国的费城交响乐团随尼克松来到了中国。”接着，他就听到了贝多芬所作的《命运交响曲》。这样的音乐一下就击中了他的心。他对自己说：“这样的音乐太迷人了，我要写这样的音乐！”

别人听了音乐大不了说好，但是他不仅说好，而且他还下了决心往这方面不断努力：先是进了湖南京剧团，之后又考上了中央音乐学院，接着去了美国，从街边拉琴开始，到拿到博士学位。

这时，意想不到的事情发生了，他接到一份指挥的合同，请他的是“费城交响乐团”——那个二十年前，他在农田中第一次听到的交响乐团，竟然请他去当音乐指挥了！

当他真的成为指挥的时候，他往台上一站，觉得真是有如梦幻，有好一会儿，他拿着指挥棒却挥不动。

别人问他为什么，他就讲述了二十年前自己还在农田中插秧，第一次听到费城交响乐团演奏的情景。他感慨地说：

“人总是要有梦想的。有梦想就要去追，谁说它就不会实现呢？”

谭盾的故事，让我不由得联想到我家乡的一个女生吴婧。大学毕业后，她很想进入一个大的外资机构。她学的是英语，但学历不够。后来她不断加强学习，终于进了一家外国的律师事务所，担任基层的前台工作。

进去之后，她不仅寻找各种机会学习，提升业务水平，而且还经常积极主动工作，领导安排的事情做到让领导满意，领导没有安排的事情，有时也主动去找来做，结果越来越受到重视。到后来，她成了这家外国律师事务所上海分部的负责人。

谭盾也好，我在前面《人生只有三件事》中写到的中央人民广播电台的小马哥也好，还有这个终于实现自己理想的吴婧也好，都是以强有力的行动去圆梦的人。

我们不妨好好听听《士兵突击》中王团长让许三多领悟的道理：

“想要和得到，中间还有两个字，那就是要做到。你只有做到，才能得到！”

第二，要舍得付出“必要的代价”。

既然行动这样重要，那为什么不少人还是不愿意去行动呢？《花香满径》的作者巴克莱博士的一句名言，也许可以给我们启迪：

“要行动一定要牺牲，而我们都不愿意牺牲。”

这绝非危言耸听。东野圭吾的名著《解忧杂货店》，就写到某些青少年，有不少问题要向人请教，其中有一条就是“如何不努力就可以拿一百分”。

这种心理虽然可以理解，但有这种想法的人，可被称为“白日梦症患者”，他们羡慕成功的荣耀、理想实现的辉煌，却不愿为此付出劳动。

实际上，要取得成功，就不仅要去干，而且还要“苦干”。

北京电影学院教授崔新琴在《开讲啦》做的一次主题为

“没有人会一夜成名”的演讲，给我留下十分深刻的印象。

对崔新琴，可能很多人不了解。但是，提起她的学生，对我们许多青少年来说却是如雷贯耳：赵薇、黄晓明、陈坤、郭晓冬、黄渤，等等，都是响当当的明星。而崔新琴的演讲，主要就是讲述这些明星是如何“苦干”，最终获得非凡成功的。

有一次她去剧组探班，一下就傻了，因为她看到赵薇、苏有朋那几个人就躺在那种最普通的躺椅上。天上下着大雪，还有人张着嘴睡觉，那个雪就落到嘴里面——每个人都是睡眠严重不足。

好不容易拍完了这几场戏，可以歇息一下了，就在这个时候，助理给了赵薇一个纸条。她拿过来瞄了一下，唰——两行眼泪就下来了。

崔新琴一看，当时是晚上 11 点。赵薇卸完妆休息一下，准备明天的戏，但给她的通告是，凌晨 3 点半，她要到另外一个组里去化妆，凌晨 5 点钟出发，去拍另外一个组的戏。

至于黄晓明，那是“受伤专业户”。他的脚指头不知受过多少伤，但是还没有好就去拍戏了。有一次，黄晓明又受伤了。崔新琴到现场去看，仍然是那根威亚，仍然是他摔断腿的地方，还要再重新跳下去，这种心理得多强大！

看完这些故事，我们对明星是不是多了一重认识？年轻人往往只看到明星们成功后的辉煌，却很少有人知道，在这份辉煌后面，却是他们付出了加倍的血与泪。

所以崔新琴老师告诉大家，成功的道路，是付出的道路，是不断苦干的道路，不要指望一夜成名。

著名的禅画艺术家赵文竹，有两句话令人印象极深：

“若想钱钱就来，咱就使劲想；若愁病病就除，咱就使劲愁。”

是呀，苦想没有盼头，苦干才有奔头。让我们不要当一个空想主义者，而踏踏实实地付出行动吧。

三、不怕“丢脸”，才会“长脸”

死要面子活受罪。

——中国民间谚语

在不少青少年心目中，“面子”往往比什么都重要：很怕被否定，很怕别人觉得自己没能力，很怕被人看不起……一句话，很怕丢脸。

但是，这种靠着虚弱的自尊心维持的“面子观”，却是成长的大障碍。只有突破这种“面子观”，真正的自信才可能建立。

你不怕丢脸，才会真正“长脸”。

第一，主动把最大的脸面丢了，以后就不怕丢脸了。

不久前的一天，在教育名城衡水，我应信都学校邀请，做了两场各有一万多人参加的大讲座。晚上，校领导安排我与二十个学生交流。

一个同学问："吴老师，我非常想演讲，但是只要当众讲话，心中就很紧张，就很怕丢脸。您在大庭广众之下能这样演讲自如，请问是怎样做到的呢？"

我不由得一笑，我问他们：

"你们知道我曾经也是胆小内向，连与人讲话都不敢的人吗？"

他们都觉得难以置信。其实，这是我的亲身经历：

在参加工作前，我的性格就比较内向，毕业后分配到省报工作。由于自己是那种象牙塔里的学生，对社会、对生活、对单位严重不适应，结果越来越内向，甚至曾经一个星期都不与人说一句话。

开始时还有老记者愿意带我出去采访，但他们慢慢发现，每次都是他们在问问题，而我一言不发，不问一个问题，后来很多人就不愿意带我出去采访了。有的甚至偷偷地对领导说我不适合干这份工作："吴甘霖像个领导，只有我们发言，他从不作声。"

其实，我自己也知道自己的毛病，但奇怪的是，每次要发言或提问就十分紧张。最根本的一点，害怕自己提的问题没有水平，这下就会丢脸了。结果越来越紧张，常常因此说不出话来。

这时候，一个十分关心我的老记者谭毅挺对我说：“吴甘霖，你这样可不行。再不发言，可能过不了多久你就要被辞退或转岗了。不管你将来是不是从事记者工作，你这一关必须过呀。”

老记者的话给我很大的触动。后来，一个偶然的机会出现，让我找到了突破的机会。

那天，单位举行演讲比赛，有五六个部门都组织了团队参加演讲。我们部门也组织了人去参加，当然里面没有我。比赛非常激烈，上台的人都能言善辩。

看着他们口才那么好，那么有勇气，坐在底下的我一方面非常羡慕，一方面又不禁黯然神伤，我竟然是一个如此不起眼、被人看不起的丑小鸭。

就在这时，我突然涌起一股强烈的冲动：我不应该坐在台下，而应该是一个能站在台上的人，应该成为一个大家佩服的、潇洒的人。

就在这时，组织演讲比赛的领导突然宣布：“刚才我们演讲比赛做得很好。现在我们要加一个内容：假如谁现在主动地做一个临时演讲，我们也十分欢迎。”

仿佛鬼使神差，我立即站起，说：“我来。”

我的举动将所有人吓了一大跳，尤其是我们部门的人。当我走到前面，面对观众的时候，我突然不知道为什么自己会站在这里。

鸭子已经被自己赶上架子了，我当然只能面对所有人演讲了，但这太难了。我很怕讲不好受到别人的嘲笑，因此脑袋一片空白，竟然站在那里说不出一句话来。

整个比赛现场，静得连掉一根针都听得见。我的脸涨得通红，嘴巴一直在动，但就是说不出一句话。所有的眼睛都盯着我，看到我的狼狈样，底下有人已经忍不住笑出声来。

这时我很想下去，但觉得要是下去的话会更丢脸，只好一咬牙，豁出去了，就开始演讲起来。

现在想起来，我当时演讲的是什么主题，讲的是什么内容，一概都不记得了，只记得当时，我拼命想组织一些有水平的话，一些鲜活的材料。

开始时我只能看着地面，但慢慢地我鼓起勇气，能够面对观众了，从最初的语无伦次，到开始流利起来，再到后来就有一些格言警句，有一些吸引人的地方了。

这个演讲的时间并不长，大约就十五分钟，我不知道是怎么度过这十五分钟的，但是我终于将这十五分钟挨过去了。结束时，大家给了我一阵鼓励的掌声。

这次演讲比赛，毫无疑问我不可能得奖，可以说，还丢了最大的一次脸。在讲完以后，我还听见有人在我背后偷偷地议论：“人贵有自知之明，像这样的人都敢去参加演讲比赛，实在是太不自量力了！”

但非常奇怪的是，那一次经历，却成了我参加工作以来最愉快的一天。而且从那一天开始，我从开始的不会讲话，到后来越讲越多，越讲越好，甚至到后来还走上了演讲与培训之路。

这是我难忘的丢脸经历，但我觉得对自己的成长与突破，有很大的帮助。

不错，我是丢了最大的一次脸，但以后再也不会有比这更丢脸的事了，还有什么可怕的呢？

这，难道不是一件格外值得庆贺的事情吗？

第二，凡是有助于成长和发展的事，都不要怕丢脸。

人的成长是一个过程。在这个过程中，我们会暴露自己的渺小、无知和脆弱。如果你害怕暴露，就会用害怕丢脸的手段，把自己裹得紧紧的，结果你是维护了自己的自尊心，却阻碍了自己的成长。

我的上述经历和“疯狂英语”的创始人李阳的成功，也有很多相似之处。

让人难以想象，如今这个英语非常好甚至自己开创了规模很大的英语培训学校的人，当初竟然是个英语成绩常常不及格的人。

那时候，李阳的尴尬也是怕自己说出来的英语会惹来笑话。长此以往，他决定自我突破，不再理会别人嘲笑的目光，每天苦练自己的口语，最后竟然成功了。

众所周知，中国人学英语，最大的问题之一是“哑巴英语”。而之所以是“哑巴英语”，往往就与大家害怕丢脸有密切关系。李阳的“疯狂英语”，之所以对青少年学习英语有很大的帮助，相当程度上就是因为他让大家破掉了虚假而无用的“面子观”。

实际上，在我们的学习与工作中，还有许多让人害怕丢脸的情况。这时候，不怕丢脸，就成了你走向成功十分重要的手段之一。

不懂，向人请教并不丢脸；

有错，主动认错并不丢脸；

让你去干所谓“低微”但能为你打好基础的工作，也不丢脸……

当你豁出去，不怕丢脸时，你就把自己从虚假的自尊中解放了。你再也不需要像失败者那样，以强烈的自尊掩盖强烈的自卑了。你会活在一个虽有缺陷但真实的世界里面。

这会暴露你的缺陷，但这有什么要紧呢？你完全可以针对你的缺点，采取改正的措施，一步一个脚印地成长呀！

第三，正确认识“胆大脸皮厚”。

我记得，当初那个关心我的老记者，针对我的状况还说过这样一句话：

“你要做一个记者，干的第一件事不是别的，你要学会把所谓的脸面从你的耳朵底下拿下来，塞到口袋里面——胆大脸皮厚！”

我问他什么叫作“胆大脸皮厚”，他形象地对我说：

“你得有一种不怕丢脸、不怕拒绝、不怕挫折的精神。别人把你从大门推出去，你要学会从窗户爬进来。”

话糙理不糙。当然，对这五个字，我们应该在法律和道义的制约下去应用，但是，对我们过于重视面子的毛病而言，是不是一剂良药呢？

主动丢脸，把自己的脸皮练得厚一些，实际上会让你不断“长脸”。

四、不留退路，才有出路

有志者，事竟成，破釜沉舟，百二秦关终属楚。苦心人，天不负，卧薪尝胆，三千越甲可吞吴。

——《聊斋志异》作者　蒲松龄

人们有时不敢挑战可以战胜的困难，不敢取得可以取得的成绩，不敢完成本可完成的任务，原因之一就是给自己留有退路。

但是，许多优秀的人之所以取得非凡的成就，恰恰就在于不给自己留退路。

不留退路，才容易赢得出路，创造活路。

那么，我们该如何通过不留退路去赢得活路呢？

第一，“豁出去”，才可能激发最大的斗志与潜能。

在前面一节中，我讲到我当初敢到大庭广众之下去演讲，终于突破心理障碍，走上演讲之路。这除了“不怕丢脸”之外，还有十分重要的一条，就是觉得再延续过去的方式不行了。我必须背水一战，挑战自己。

其实，这种“豁出去”的心理，因为放下了心理负担，有时还真能创造自己都想象不到的奇迹。

2016 年的奥运会，中国女排在前期失利的情况下，竟然反败为胜，最后夺得冠军，与这种“豁出去”背水一战的心理有很大关系。

且看中国国家女子排球队副攻手袁心玥在中央电视台《开讲啦》栏目所做的演讲：

巴西奥运会给我印象最深刻的就是对巴西这场球。因为前几场球的失利，我们落到了小组第四，所有人都知道这场球对我们的重要性。

我记得给我印象特别深刻的是，比赛前一天晚上我们在准备会上每个人都有发言。一向特别沉默的魏秋月，突然非常激动地站起来红着眼眶对我们说：“同志们，再不拼的话，这就是我们在一起打的最后一场球了！”

这个时候所有人都沉默了，还有人低下了头。小惠也站起来说：“对呀，这说不定就是我们给彼此的最后一次保护，最后一次给彼此补位了。”

这个时候，其实我的内心咯噔一下，心里觉得明天肯定有戏。

果然，第二天对巴西的比赛，不出所料，大家真的在场上都拼出了女排精神。在第一局大比分落后的情况下，中国女排并没有放弃，越打越强，最终战胜了巴西。之后，一路过关斩将，成功夺得冠军！

这样的结局，是许多人都想象不到的。但是，它偏偏符合成功的定律：

一方面，不留退路，就能激发最大斗志，让人勇于去面对所有的挑战。而越勇于迎接挑战，就越能战胜挑战。

另一方面，不留退路，又能激发最大潜能。人的潜能，往往也是从不留退路中产生的。

因为没有退路了，人就无法躲避了，所有的脑细胞和精神力量就会被加倍开发。于是，原来想象不到的潜能也被激发出来了。

第二，死心才能塌地。

我一个朋友的女儿静静，本来在日本学习，但不满意，后来决定考美国的一所名校。下决心去考美国的大学，从日语变为英语，这是何等大的一个挑战！

她的成绩本来也好，自学能力也强，但是，最大的问题是她经受不了诱惑。回到家，许多原来的朋友、闺蜜都邀请她去玩耍。最后，她一咬牙，竟然理了一个光头，把自己关在家里。这一关就是六个月，最后她终于考上了理想的美国大学。

在我与她交流的过程中，她谈到自己的成功心得："死心塌地去考，我就不相信考不上！"

我觉得，用"死心塌地"来表达，的确是再准确不过了。一方面，是"死心"——死了那条禁不住诱惑、迷恋游戏的心；另一方面，是"塌地"——将脚印踏踏实实踩在认真学习备考的路上。

这样一来，原来看似难以实现的目标，就容易实现了。

第三，先把帽子丢过墙。

有这么一句话："先把帽子丢过墙，才有动力爬过墙。"意思是一堵墙摆在你前面，要进去不容易。但是，你先把自己珍贵的帽子丢到墙壁的那一边，因为舍不得失去这个帽子，只有翻过墙去。

这也是一种“不留退路”的做法。在这方面，著名的武侠小说家金庸，给我们树立了好榜样。

在写作《连城诀》时，他曾一度产生了厌倦懈怠的心理，有时候效率低到一天也写不出一千字。

这样下去怎么行！于是他想了一个绝招：主动与报社签订了连载的合同，规定每天必须得完成多少字，假如违约就得赔偿。通过这样一“逼”，他就全身心地投入写作中，每天以五千字的速度抢写，最后竟提前完成了小说。

后来，他在写作其他小说时也用类似的方式，同样取得非常明显的效果。

我们读金庸的小说，不仅为其巨大的文学魅力所吸引，也十分佩服他能写出这么多优秀的作品。而实际上，他并不只是写小说，还同时在写社评、办报。有一次接受记者采访时，他坦白说许多作品是被“逼”出来的，并说这样一“逼”，自断退路，效果原来这么大！

是的，谁都不可否认，人在本质上都是眷恋舒适平稳，喜欢懒散闲逸的。

我们放松一下自己，该做的事情反倒做不好。

我们不留退路，反倒容易突破自我，最终成功。

五、如果你过于珍惜羽毛，你将失去翅膀

去生活，去犯错，去跌倒，去胜利，去从生命中创造新的生命。

——爱尔兰作家 詹姆斯·乔伊斯

在成长与成功的过程中，没有任何人会一帆风顺。遭遇失败谁都难免。

在失败面前，应该以怎样的心态与姿态去面对，是大家需要重视的问题。

第一，“怕输”的心态，会严重阻碍你的成长。

曾看到一篇大学教授的文章《最难的一课，我们却没教给学生》，给了我很大的触动。这篇文章，是一位教授以现身

说法的方式，讲述了他在美国求学的一段经历。

这位教授曾是中学和大学的“学霸”，后来又考上了美国最有名的学校之一——麻省理工学院，攻读硕士与博士。到了这里，他的“学霸”精神发挥到了极致，美国学生通常参加的社团活动及其他丰富多彩的活动，他一律不参与，一心念书。

真是“功夫不负有心人”，他每一门课都拿了A。在该校，A就是最高的分数了，科科都拿A，真是超牛的好成绩。

但没想到，他后来遇到瓶颈：有一门陌生却又必修的重要课程，他上了几个月后心里知道，他的成绩虽然能及格，但A恐怕拿不到了。

这个“好学生”干脆壮士断腕，期末考前，毅然退选这门课。无论是老师还是学生都不理解，毕竟学了这么久，而且学费也花了那么多呀。但只有他清楚：这是为了避免成绩单出现B的“恐怖”危机。

第二年，他再度挑战这门必修课，加倍努力。没有想到，期末成绩出炉，他竟拿到了第一个不是A的成绩！之前的退选，无异于一场时间与金钱的徒劳无功。

沮丧的他，去见美国指导老师，甚至向老师道歉，自己没有学好。但他没有料到的是，指导教授却十分开心地恭喜他没拿到A：

“我真是太替你开心了！从今日起，你再也不必为拿 A、拿高分而念书，你总算可以放下包袱，去做其他更重要、更有价值的事情了！”

那么什么是更重要、更有价值的事情呢？老师笑着回答：“去犯错与创新吧！借着课本教你的基础，然后去勇敢地犯错，尝试创新。这才是有价值的！”

这篇文章的作者，通过这件事感慨地说：“最难的一课，我们却没教给学生。”什么是最难的课呢？他指出就是摒除“怕输”“怕没面子”的心态。

在现实中，这种因为怕输导致胆小畏惧、放不开手脚的情况比比皆是。有的学生，明明有重要的课程内容没有把握，却不敢大胆向老师提问；有的大学毕业生，早就该去找工作了，却一直不敢去闯；有的人，该去为自己的目标努力了，还在拖延中不去拼搏。

“怕输”的心态必然会造成保守的选择，阻碍自己的成长。

应该敢于面对失败，勇于承认自己的不足，在此基础上大胆去做，大胆去试，大胆去闯。

第二，你要输得起，才会赢得到。

不要怕失败。也许不知多少次的挫败，才可能换来成功。

五月天乐队主唱兼词作者阿信曾经做过一次很有名的演

讲，主题是“当我和世界不一样”。我们且看他和他的团队是怎样不害怕挫败走向成功的吧！

很小的时候，阿信就参加过演讲比赛。

“老师，各位同学，大家好，我是三年级十二班的陈信宏，我今天演讲的题目是……没了！然后我就呆站了三分钟之后，就下台了。”——失败。

“小学的时候我也去参加过合唱团的甄选，然后只唱了两个音，那个合唱团的老师就把我刷掉了。”——失败。

但是他没有放弃，不断地去开拓自己的路。到后来选择了唱歌这条路，并组成了五月天乐队。在这一过程中，跌跌撞撞摔跟头的故事实在太多了，但他和队友们，还是用这种不怕挫败、继续奋斗的精神去闯。

这种精神让他们终于打开了著名的滚石唱片公司的大门。他们的做法是，录制一个小样，拿到该公司的前台。阿信去跟柜台小姐说：“这个是我们乐团的小样，如果可以的话，请你把它交给你们负责听小样的人，好吗？”她说：“好！”阿信说：“就算要丢掉，拜托至少听过一遍再丢掉。”

结果没多久，有一通电话打给五月天的团长怪兽：“你好，我是李宗盛！”怪兽还不相信，就回答说：“你李宗盛，我还罗大佑呢！”其实还真的是李宗盛，于是他们就真的与滚石唱片合作了，并越来越受欢迎。

即使获得了一定的成功，也免不了再次遭遇失败或仍然有缺陷，但他们都毫不介意。举个小细节：事实上在阿信写的歌词里面，平均每一百句歌词中有九十九句是被淘汰的，大家最后只看得到被留下来的那一句。

在谈到这点时，他自豪地说：

“这个是我们五月天一个特别的地方，就是我们特别不怕失败。如果说失败对他人是一种打击的话，那我们也非常适合承受这样子的打击。

“所以要勇于行动，不怕失败，勇于尝试！”

是呀，在走向成功的路上，往往会先走过许多的失败。如果你回避这些失败，你实际上就错过了成功！

第三，不怕输，反倒赢。

世界充满了辩证法。有时你害怕输，你可能还没有开打，就失败了。有时，你不怕输，倒可能反败为胜。

请看一则著名演员孙红雷的故事。

孙红雷还没有成名时，他大多数时候还只是一个跑龙套的话剧演员。

有一次，机会来了。他可以出演赵宝刚导演的一场话剧，但是在表演时，孙红雷因为缺乏经验，说台词时笑场了。这对于当时的剧情来说，绝对不允许。对戏剧要求很严格的赵宝刚非常生气，并质问孙红雷是什么学校毕业的，读的哪个专业。

孙红雷小声地告诉他，自己是中央戏剧学院毕业的，读的是表演系。他本以为这样一说，导演就会对自己重视一些，没有想到，赵宝刚当即说：“不对！”言下之意，中戏出来的学生是不会出现这种问题的，并怒气冲冲地叫来副导演，吩咐换人。

孙红雷一听，急了，两眼紧盯着赵宝刚说：“导演，请让我再试一次。”

“不行！换人！”

此时，全场气氛紧张得令人窒息。在经过了几秒钟的沉寂后，孙红雷再次说：“导演，请让我再试一次。”

“不行！换人！”赵宝刚的回答仍旧斩钉截铁。到了这时，一名工作人员已走到孙红雷近前，盯着孙红雷的腕部，示意他把手腕上的道具手表摘下来。

此刻，孙红雷真正体会到了“恨不得找个地缝钻进去”的感觉。但是，他还是坚定地提出：“导演，请让我再试一次吧。”

意想不到的事情发生了，赵宝刚导演大手一挥：“开演！”

孙红雷后来在接受记者采访时说：“也许，赵宝刚导演等待的，就是我的第三次请求吧。”而经过这次挫折的洗礼后，孙红雷成熟了许多，“从那以后，我就什么也不怕了”。

是的，年轻的使命是飞翔。勇敢、不怕失败应该是飞翔的必要条件。

因为年轻，所以伤得起！失败怕什么？跌倒怕什么？走走弯路又怕什么？

鸟儿身上的羽毛就是为了飞翔，在飞翔过程中有些羽毛可能会因受伤等原因脱落。假如你过于爱惜自己的羽毛，就可能最终失去翅膀。

所以，不要害怕失败，勇敢地飞吧！

第五章

一流主动，二流被动，三流不动

（机会之神偏爱谁？）

一、不要别人逼，自己就做好；不必别人问，自己早做好

二、机会没来时，我宁愿蹲着；机会出现时，我得在场

三、弱者被动等待，强者主动创造

四、从“适者生存”到“试者生存”

五、当上帝送一份特别的礼物给你时，往往以问题做包装

一、不要别人逼，自己就做好；不必别人问，自己早做好

主动不主动，相差一百倍。

——美国球星 乔丹

人在学习与工作中，不同的状态决定不同的结果。唯有主动的人，才会有最理想的机会与结果。

我总结起来是三句话：

一流主动（不推就动）；

二流被动（一推才动）；

三流不动（推都不动）。

不管是成长还是机会，越被动越平庸，越主动越出色。

不要“一推才动”，更不要“推都不动”，而要“不推就动。”

第一，不要别人逼，自己就做好。

前不久，我在福州进行一次教育工作交流，听到这样一则故事。

一个学生，从小就要父母催、逼，才能起床。比如，8点上课，路上要四十分钟，7点的时候爸爸妈妈催促他赶紧起床，他还赖在床上，等被迫起来匆匆忙忙赶到学校就快迟到了。

转眼到了高中，要寄宿了，不能按时起床就会耽误学习，但是爸爸妈妈不在身边，没有人逼迫和催问他。因为挨了多次批评，老师已经找家长谈话，家长再责骂孩子也无用，最后想了一个办法，出了一笔钱，让同寝室的一个同学帮助及时把他叫起来。

开始的几天还好，但后来有一天，他就是不起来，同学要去上课，催促他急了一点。他把被子掀开就大骂："催命呀！你还不是看在我爸妈给你钱的分上催我吗？给我滚吧！"倒头又睡。这一来，没有任何人催他起床了。可是因为老迟到，学校已经决定开除他了。

这样的故事有点奇葩，但是在一些青少年身上，却也存在类似下面的现象。

很晚了，爸爸妈妈已快睡了，催孩子赶紧做作业，但是孩子的眼睛还是舍不得从电视上或网络小说上移开。

老师布置了一篇作文，第二天早上就该交，可是今天晚上9点多了，他还没有动笔。爸爸妈妈催他多遍都没有用，只好一边骂着他，一边陪着他把作业做完……

一件很简单的事，要别人不断地催，不断地逼迫才愿意去做，即使做也做不好。这样的现象，不仅让人不开心，同时更会阻碍自己的成长，有时还会丧失应有的机会。

一些老师问我，听说你中学时的成绩非常好，那你是怎么管理好自己的时间的？应该不会总要别人催吧？

我微微一笑，不由得想起了高考那一年的岁月。当时的毕业班，比一般的班级要早一个小时起床。而我，逼迫自己尽量比毕业班的其他同学要早二十分钟到三十分钟起床。为此我和一个同学约定：每天早上谁先醒来，就赶紧把另一个叫醒。

后来，我真的考出了好的成绩。我当时就感慨：成绩从哪里提高？是从自己愿意比别人挤出更多的时间啊。

我们再来看一个更典型的好榜样：著名青年舞蹈家刘岩，她的舞蹈曾被人称为“仙女之舞”。在谈到自己的学习过程时，她讲述了这样一则故事。

小时候，她很喜欢舞蹈，妈妈就帮她报名参加了一个舞蹈班。她从来都是非常认真地学习，风雨无阻。

一天下午，妈妈对她说：“刘岩，今天咱们可能去不了舞蹈班了，因为天气预报说了，要下大雨。”

她一听就闷闷不乐了，坐在窗边发呆，到吃饭的时候就不吃饭。妈妈劝她说：“你还是吃点吧，如果等会儿雨小点的话，我就一定带着你去跳舞。”她一下高兴起来，就把饭吃了。

但是没有想到的是，平时上课的时间是晚上7点，到了6点半，还在下瓢泼大雨。妈妈关心地问：“这么大的雨，不去了吧？”刘岩又不说话了。

妈妈知道她是一心想学习，就说：“如果你想去，那么我们就去吧。”她就格外高兴。之后妈妈就骑着自行车，穿着雨披，让她坐到后座上。到学校时，她的小腿已全部被淋湿。

但到了学舞蹈的地方，发现一个小朋友都没来，老师也不在，她就特别失望。妈妈赶紧出去，从传达室给老师打电话。老师很慌张地赶来了，说这么大的雨，自己以为没有小朋友来上课，所以就没来。

那一天，她就给刘岩一个人上了一堂舞蹈课。

任何人，假如能像刘岩这样去做，怎么能不出色呢？

第二，不必别人问，自己早做好。

不少人做事，别人不问，就不去做，或者去做了也做不好，但是，也有一些人，即使没有人过问，他也干得非常好。

这样做，可能有的人觉得太累，但是真正做过的人，都能感受到这样的好处。

回想当初在中学学语文，我应该是成绩最好的学生之一。我不仅主动去学文学方面的知识，而且上那些课前我会提前预习，所以当老师向大家问某些问题的时候，我往往就主动作答。

记得有一次，语文老师问我们有没有谁知道“杯酒释兵权”的典故。同学们没有一个人回答得出来。这其实是历史课上的内容，老师还没有讲过，但我正好头一天预习了历史课。我当即举手发言。老师夸奖了我，同学们都对我露出敬佩的神情，有的还夸我“学富五车”。

看似一个小小的举动，其实对提高自己的成绩，得到肯定，以及强化自信是很有用的。

当走入职场，我们也许会发现这种“不必别人问，自己早做好”的做法，会给自己创造很多的机会。

就拿我单位的一个员工来说吧。有一天，我出差几天后回到北京。这时候，市场部的一个主管来告诉我：编辑部的某某病了。我问她是什么病，严重不严重。她说是重感冒，没有办法上班，正在家休息。

我几分钟后就要接待一位重要客人，所以就对这位主管说：“那你代替我先问候她，如果严重的话先去医院，我找时间去看望她。”

这位主管微微一笑说：

“对不起，吴老师，我知道你会问候她的，所以我没有征求你的意见，就先代你问候她了。而且我也要她先去医院，如果要住院，我答应下班后去看望她。”

这个主管与编辑部没有业务关系，但她能在我提出要求之前，就已经做得这样好了。这样的员工是不是最有发展前途呢?

实际上，这位名叫甄灿翠的主管，大学一毕业就进入我所在的单位工作，她从普通员工做起，之后就因为这种自动自发的精神，不断获得提拔，从普通员工到主管，到客户部经理，后来当上了单位的副总经理。

更多的机会总是属于主动去做事、主动去把事情做好的人。

别人没有提出要求，但自己对自己有更高的要求。别人没有提出期望，但自己不仅满足他们的期望，而且还超乎别人的期望。这样的人，在人生中会缺乏机会吗?

二、机会没来时，我宁愿蹲着；机会出现时，我得在场

只要有所事事，有所追求，人就把握住了机运的车轮。

——美国思想家　爱默生

人嘛，要么站着或奔跑，可以顶天立地；要么坐着或躺着，可以享受舒服与安逸。

蹲着，是何等的不雅，又何等的累！

但是，对一个缺乏机会又想拥有机会的人而言，蹲着，却是一个有价值的好状态。

因为，它意味着你对机会不是消极等待，而是以默默且不懈的努力，在迎接机会的降临。

第一，你认为只能是“无所作为”的时期，可能正是优秀者的增值期。

机会的重要性，许多人都很清楚。但是，当缺少机会的时候，许多人往往自怨自艾，或感叹无聊，在无所事事中打发时光。

但是，当你正在无聊中打发时光时，有的人却把这样的时光充分利用。你所谓的无聊期和无所作为期，往往是别人的充电期和增值期。

有一次，我作为嘉宾，参加北京大学举办的企业家论坛活动，为一些进行主讲的著名人士做点评。

其中，曾担任中国加入世贸组织谈判的首席代表、原国家外经贸部副部长龙永图先生的一个故事，给我留下了十分深刻的印象。

毕业后，龙永图进入对外经济联络委员会工作。一般人会很庆幸能有这样稳当清闲的工作，但是龙永图却觉得是浪费青春，换工作又不合适。到底该怎么办呢？

他认识到：虽然自己做的是联络工作，但一直也没有和外国人交流过，甚至连外国人都没见过。于是，为了更好地工作他决定自觉学习英语。

为此，他给自己定了三点要求：

1. 每天用英语朗读《参考消息》上的消息，而且背出一篇重要的文章；

2. 每天用英文自办一张《英美动态》这样的十六开的钢笔写的小报，以此来锻炼对新闻的判断和筛选能力，强化对英语的记忆能力；

3. 每看一场外国电影，就与剧中人物对口型，做同步翻译。

可能我们会有这样的想法：也没人要求你多学什么，何必自讨苦吃呢？做好自己当前的工作就行了。可是，龙永图偏偏就这样“自讨苦吃”。

一天夜里，龙永图下班后正在办公室给自己“充电”。这时，交际处处长对他说：“对外经济联络委员会的主任约见外宾，咱们的翻译下班走了，找他过来也来不及，你来翻译吧。”

龙永图想，给部长级别的官员做翻译，可不是容易的事情，虽然这不是我本应承担的事情，但是，平时学的知识不正好可以锻炼一下吗？就像电影中的人物那样翻译就可以。

于是，他自信地接受了这个艰巨的任务。结果，龙永图的表现让大家很满意，连一些生僻的词语都能翻译得很到位。

对外经济联络委员会主任方毅赞叹道：“这样好的翻译，为什么不用？”

从这以后，龙永图脱颖而出了。后来，他每次都会作为翻译陪伴在主任方毅身边。他的表现得到众人的肯定，同时机会也越来越多。后来，龙永图被调到外经贸部的重要部门——国际联络司当司长，有了更大的发展空间。

龙永图的上述故事，就是在机会到来之前，等待机会和创造机会的故事。他把一般人认为“闲得要命”的日子，自觉变为了让自己增值的日子。

他没有奔跑，他只是蹲着，但是这种蹲不是忍受，而是自发地为自己充电增能。所以，当某个机会出现时，就非他莫属了。

对比一下，你现在是不是也有“时光多得不可打发”的日子？是不是也会一方面抱怨没有机会，一方面却不断放纵自己去玩耍？这时候，你也不妨学习一下龙永图的这种做法，你的机会是不是也会多起来呢？

世界从来不缺机会，缺的是不懈的准备。

第二，机会出现时，往往青睐一直守在边上的你。

机会来时，你得抓住。这样的基本前提，就是你得在场。为此，你得保持热情饱满的状态。

2012 年 2 月，一个美籍华裔青年不仅成为美国人热议的话题，在相当程度上也吸引了全世界的眼光，他就是林书豪，是全球瞩目的 NBA 比赛中最出色的篮球运动员之一。美国几家最有影响力的媒体都发表了对他的专题报道或专访，连当时的美国总统奥巴马都对这位被誉为“林来疯”的年轻人给予了高度评价。

林书豪在成功之前，也是一种以“蹲着”的姿态在努力的人，他一次又一次努力，但往往轮不到上场的机会，或者刚刚开始打球，又成为球队最早被叫下场的人。

更让人心酸的是，就在进行那场球赛的头一天晚上，他还是一个没有地方落脚的人。本来借住在哥哥的沙发上，但那天晚上哥哥家来客人了，只能让他另外找地方睡了。他只好借住在一位队友的客厅里……

遭遇这样的经历，不知道还有多少人能坚持自己的理想。也许有人会想：既然这个行业竞争这么激烈和残酷，为什么还要坚持？理想就真的那么有价值吗？做一些更轻松的工作，不是更好吗？

但林书豪不是这样的人，他认准了自己的目标就决不放弃，而且越战越勇。在那场让他一举成名的比赛中，他就像铆足了劲的发条一样，发挥出了空前的能量。

那么他是如何获得上场机会的呢？

在那场让他一举成名的比赛中，他一直处于替补的状态，基本没有什么机会上场。

且听赛后主教练阿特金森说为什么给了他这个机会：

“我本来是没有计划使用（林书豪）的，但是当我回顾板凳的时候，觉得这家伙每天都在努力。他每天都主动和教练沟通，每天都很早来到体育馆。我实在不能忽视这些。

“我本无意使用他，但是他这些日子保持的状态打动了我。对这样的球员，你怎么能不给机会呢？”

这样的做法，对我们是不是也有启迪？我们经常看到，有的人明明有好的机会却不懂得珍惜；有的人遭遇一点挫折就垂头丧气；有的人一时能力得不到发挥就抱怨怀才不遇……他们唯独没有想到时刻保持最好的状态。

若你一直保持最好的状态，便会为你赢得好的机会。

关于蹲着，有一位人士说得很精彩：

“我没有你们聪明，也没有你们的好学历，还没有取得你们那样的成就。唯一能做的，就是蹲在那里。

“要我躺下，我不甘心；要我奔跑，我没有资格。我不知道蹲着是不是一种智慧，但我知道，我不会老蹲在那里，总有一天机会之门也会对我开放。”

蹲着，其实是准备，是蓄势。

在场，其实是主动，是出击。

有了这两点，“机会偏爱有准备的头脑”，就绝对不是一句空话。

三、弱者被动等待，强者主动创造

智者创造的机会比他得到的机会要多。

——英国思想家　培根

生活中的弱者，总是在等待机会。

生活中的强者，总是在创造机会。

机会不是等来的，而是主动争取来的。

你主动一点，机会就偏爱你了。

第一，出色做事，以实力赢得机会。

接力出版社的副总编辑黄集伟先生，讲过这么一件事情：两个学徒同去学木工，师傅开始对谁都没有偏袒，都是同时教，内容一样多。但不到半年，一个学徒就越来越出色了，一个却差不少。之后，前面那一个就更容易得到师傅偏爱了，学到的也更多，到后来，得到的报酬也更多了。

为什么有这样的区别呢？因为其中的一个学徒，师傅让做什么也会去做什么，但是不会去思考为什么要这样做，也不会多做一点。

另外一个呢，却凡事要问个为什么，如为什么师傅要自己去拿这个钉子，画线要怎样才合理，等等。除了做好师傅让他做的事情外，只要有时间，他就尽量多做一点。

短期内看起来没有什么区别，时间稍长一点，就看出区别来了。这就是主动与不主动的区别。机会总是偏爱更主动的人，一些看起来难以得到的机会，往往也被不怕多付出和主动付出的人赢得。

且看著名舞蹈家，被誉为“中国跳舞跳得最男人的舞蹈者”黄豆豆是如何做的。

黄豆豆从小就喜欢跳舞，但他有一个缺陷：个子不高，尤其因为腿短，经受过不少否定与挫折。但他心中有一个信念：凡是自己看准的就要去争取。

1993 年，他当时是上海舞蹈学校的学生。有一天他从学校走廊上走过去，看到一个编导在给一批学员排一个舞蹈。他很喜爱这个舞蹈，就想去学。开始时老师根本不答应，到后来见他这样执着，就说："如果你感兴趣，你可以跟在后面学。"

他很激动，在现场认真跟着学。当所有同学都走了后，他就自己对着镜子开始跳舞，还不敢让人家看到。

终于有一天，那位老师说："豆豆，你来跳一跳吧。"他激动地开始跳起来。第二天那位老师说："昨天看了你的舞蹈，我觉得有很多地方不正确，但是你把我原来编排的一个带有中国民间舞风格的舞蹈动作，跳成了中国古典舞，这样跳也挺好。那么你愿不愿意跟我一起，把《醉鼓》这个节目跳成一个正正规规的中国古典舞？"

于是他就带着最大的激情，参加了这个创作。奇迹产生了，那年，他代表上海舞蹈学校去参加"桃李杯"舞蹈大赛，竟然荣获金奖，这是他人生中的第一个金奖。

更幸运的还在后面，在那次"桃李杯"舞蹈大赛的决赛现场，当年中央电视台春节联欢晚会的导演坐在下面看，他觉得这个独舞很好，就安排黄豆豆参加中央电视台的春节联欢晚会。

后来，黄豆豆又获得了一个全国舞蹈比赛的金奖。因为两个金奖，他可以免考进北京舞蹈学院的大学部了。十八岁那年，他成了北京舞蹈学院大学部的一名学生。

在学校，他继续发扬这种争取机会的精神。有一天，他见到学校的沙龙里面正在演出一个兵马俑的四人舞，叫《秦皇点兵》。他当时就被中国兵马俑的气势牢牢抓住。于是他找到编这个舞的陈维亚老师，希望老师根据他的情况，帮他排一个兵马俑的独舞版本。

不料，陈老师立即泼了盆冷水："哦，豆豆你的基本功确实很好，但是你这个身高、这个形象真的很难去演兵马俑。"

这话让他很失望，他觉得自己怎么也不能放弃这个机会，然后就去找资料，跟着那四个人的录像学。过了一个星期，他再去敲门："陈老师，我看了录像了，我摆这两个造型，您看看，我其实可以的。"

陈老师夸奖他的造型还好，但是韵味好像不够。他就再去看录像，再研究，把韵味练出来。就这样，老师一次次挑毛病，他一次次改。终于有一天，陈老师答应试排一下。

1997 年他再去参加"桃李杯"比赛。一开始当大家听说黄豆豆要演兵马俑的时候，所有人都不相信，这么小的个子怎么去演高大的兵马俑？但是演出完之后他竟然又拿了金奖。

一个学生能取得这么多的成绩，实属不易。黄豆豆争取机会的过程，有几点值得我们借鉴和学习。

哪怕有先天的缺陷，也应该勇敢追梦并寻求机会。

机会很多时候不是别人给的，而是你争取来的。别人可能开始不给机会，但是对一个遇到问题不是知难而退，反而迎难而上的人，机会的大门往往会打开。

还要格外重视机会的连锁反应。也就是说，把握了一个机会，往往就有更多更好的机会。

且看他在中央电视台做演讲时说的话：

“为什么说争取机遇这么重要？我们争取到一个机遇的时候，其实是为自己将来争取了更多的机遇。”

第二，学会做人，以主动培育机会。

我们来分享球王贝利小时候的一个故事吧。

贝利出生在里约热内卢的一个贫民窟里，小时候非常喜欢足球，但又买不起，于是他常常踢塑料盒、汽水瓶、椰子壳等。

有一天，他在一个干涸的水塘里踢一只猪膀胱，被一位足球教练看见了。教练有些为这个踢球入神的男孩感动，就送了他一只足球。他高兴地跳了起来，以后球越踢越好。

圣诞节到了，贝利的妈妈说：“我们没有钱买圣诞礼物，送给我们的恩人，就让我们为我们的恩人祈祷吧。”

但小贝利祈祷后，拿了一把铲子跑了出去。他来到教练住的别墅前的花圃里，开始挖坑。教练发现了，问他干什么。他真诚地说：“教练，圣诞节到了，我没有礼物送给您，但是，我给您的圣诞树挖一个树坑，以表示我对您的感谢。”

教练感动地把小男孩从树坑里拉了上来，说:“我今天得到了世界上最好的礼物。明天你到我的训练场去吧。”

于是，才十多岁的贝利真正走上了足球之路。几年后，在第六届世界杯足球赛上，他独进六球，为巴西第一次捧回金杯。从此，他也扬名世界。

得到别人的帮助，有些人若无其事，有些人忘恩负义，不少人知道感恩，但只是把这份情感放在心里。

但是，贝利却是用自己的行动，主动去表示感恩。就是这点点滴滴的感恩，造就了这样那样的好运。

是的，机会不能靠等，而往往靠你主动去创造获得。

做事和做人是两个关键点。抓住了这两个关键点，就容易得到机会。

会做事会赢得机会，会做人也会赢得机会。如果既会做事又会做人，就能得到甚至创造更多、更好的机会。

四、从“适者生存”到“试者生存”

最令人惊奇的发现，就是通过尝试，知道自己能做原来认为不能做的事。我们最大的敌人就是自己。

——美国企业家 亨利·福特

众所周知，进化论的提出者达尔文有个理念“适者生存”：越能适应环境的人，越能生存。

这个观点至今有它的合理性。但是对一个希望获得机会的人而言，我觉得光有这点还不够，还必须重视尝试的价值，所以我提出一个新理念：试者生存。

第一，机会往往是试出来的，没试之前绝不否定。

一个人错失本来可以得到的成功，往往是因为自己没有去尝试就放弃努力了，并美其名曰“不可能”，所以千万不要对没试过的事情说“不可能”。

且来看一个名叫左微的留美生，从不敢尝试到勇于尝试，抓住人生机会的故事。

她在美国的华盛顿大学读书，学习韩语半年了。这时她收到韩语老师发来的一封邮件，大意是韩国领事馆举办一年一度的韩语演讲大赛，鼓励他们全体同学报名参加。

这时，她心中一下响起了两个不同的声音：一个说可以好好玩一玩，说不定还有不小的收获呢；另一个声音则说算了吧，才学了不到半年的韩语，别去丢人现眼了吧！

她突然觉得这声音是那样熟悉，因为以前也有过类似的纠结，并留下过人生的遗憾。

那是在她上中学时，一次课间广播响起——“学校女子篮球队最近招募新队员，请所有感兴趣的同学参加投篮测试。”她其实非常想去，但又怕自己考不上，于是去找自己最好的同学壮胆。同学是一个对学习抓得很紧的人，当受到她邀请时，并没有她期望的热情，而是客气地回绝了：

“哦，没兴趣，不去了。谢谢你！”

左微便在心里对自己说：好吧！她不去，那我也不去了，反正一个人去也没有意思，反正去了也不一定选上，反正……

其实，那时正好在播放《灌篮高手》。她不仅喜欢看，而且也格外希望成为一个很会打篮球的人。但是，因为自己胆小，不敢去尝试，想邀朋友壮胆，结果又被朋友拒绝，导致丧失了近在咫尺的机会。

想到自己当初的遗憾，她不由得以最快的速度报了名。没有想到的是，当时报名参加韩语演讲大赛的人中，她是唯一的一个大学一年级学生。更没有想到的是，她竟然因为自信和精心的准备，荣获了这次演讲比赛的第一名。

后来，这个学生把自己的心得写成一篇文章发表。在文章的最后，她说：

"亲爱的，今天我把这些心得感受毫无保留地分享给你。如果以后你也遇到了一些可能的机会并且纠结，请你大声地问问自己——你不试一试，怎么知道不行呢？"

的确，这个学生的故事是很能给人启示的。想学篮球，因为自己没有经验，就对自己说"不可能"，放弃了机会。而这次，仅仅学了半年的韩语，也有足够的理由说自己"不可能"，但是她没有放弃而是勇敢尝试，结果竟然拿到冠军。

真的，不试一试，怎么知道自己不可能呢？

所以，请你记住《从乡下女孩到著名女主播》这篇文章中的最后一句话：

"你要敢于胸怀更大的梦想。上帝可以原谅失败，但绝不会原谅放弃尝试。”

第二，哪怕只有百分之一的希望，也值得百分之百地去努力。

假如希望较大，人们往往还是愿意一试的。如果希望很渺茫，许多人就觉得不可能，或认为不值得费这个劲，于是放弃了。但是，优秀的人偏偏不信这个邪。

正如美国企业家、石油大王洛克菲勒所言：“哪怕只有百分之一的希望，也值得去试一试。”这句话成了流行全美、体现美国人开拓精神和创业精神的名言，其实也是成长中的青少年应该重视的一种精神。

在当代，一些同学愿意去勤工俭学，或毕业后只能拿最基础的工资，但是机会少，回报低，往往是他们很纠结的问题。有一年我参加在贵阳召开的全国图书销售会，在一个街头看见有近百学生等着做家教，就像那些等待干苦力的民工一样。有一个人过来，一帮人就围上去。

我不由得问他们一个问题：“难道就没有更好的机会吗？”我得到的大部分回答是：“我们没有钱，没有关系，还会有什么更好的机会？能有人请我们做家教就不错了。”

我现在就给大家分享一个年轻人自己争取机会的故事。

有一个在北京读书的学生，十八岁那年刚刚毕业，很偶然地看到了当时非常出色的唐朝乐队的摇滚表演。他是新疆乌鲁木齐人，听完那天的演唱会，他就很激动，他想把摇滚乐带到乌鲁木齐去。他要在那里举办唐朝乐队的音乐会。

谁都觉得他是异想天开，因为他什么条件都没有。

但他说干就干，一方面联系了唐朝乐队，确定了他们的演出费用，一方面去乌鲁木齐筹集费用。他也没有经验，只要觉得有希望的公司，都主动去敲门。

其中有一家民营企业的老板，问他什么是摇滚乐。他说不出来，就说："你等我一下，我明天再来。"之后转眼就去了新华书店，买了一本《音乐辞典》，找到一个比较标准的答案。第二天再去，告诉那个老板什么是摇滚乐。

那老板又要他介绍唐朝乐队的情况，他说你再等等，又回去，让北京寄唐朝乐队的录像给自己，再放给那个老板看。

这样反反复复几次以后，那个老板就把公司的所有人叫来集会，并对财务说："你去拿三万块钱现金给这小孩。"然后对全公司的人说："你们看人家是一个娃娃，做事都能这样敢闯敢拼。你们要干事，如果都像这个娃娃一样，咱们早就发财啦！"于是，这个年轻人就拿到了第一笔现金赞助。

他继续去敲门，一共敲了七十多家公司的大门，最终拉到了九万七千块现金的赞助，卖了十四万多的门票，终于把演唱会办成了。

一件谁都认为不可能办成的事情，竟然被一个十八岁的年轻人办成了！

你知道他是谁吗？他就是著名演员李亚鹏！

李亚鹏曾做过一个演讲，讲述了这个故事，并说：

“我归纳了八个字，叫作‘心有所愿，行而成立’。每一个人在生活中都可能会有一个愿望，但是一定要有行动，才能成为一种力量，才有可能让这个愿望成为现实。”

你也能像他那样去试一试吗？

只要有一点希望，就值得你百分百地努力；只有百分百地努力，才能变为百分百的现实。

第三，即使你有万分的不自信，也可逼着自己试一试。

很多人是不自信的，哪怕是大人物。但是，即使你有这样那样的顾虑和不自信，你也得逼迫自己试一试。因为不试就埋葬了所有可能；试一试，也许就打开了你所要打开的那扇门。

我们且来看世界文学史上的一个著名故事。

1852 年，俄国著名作家、《现代人》杂志主编涅克拉索夫，收到了一部名为《童年》的手稿。

但是，不知何故，作者在手稿末页和信中，只署上了自己的姓名缩写“π · H”。

涅克拉索夫在看完手稿后，觉得写得十分出色，于是决定发表。由于不知作者的全名，所以作品发表时，只能按姓名缩写署名。

其实，这是文学巨人托尔斯泰的第一部作品。尽管作品写得很好，但是由于缺乏信心，他却不敢署真名。

幸好，涅克拉索夫是一个真正的伯乐。在发表这一作品的同时，他还向屠格涅夫等著名作家推荐，说："留神一下《童年》这部中篇小说吧！看来，作者是一个新的大有希望的天才。"

很多著名作家看后，都对这部作品交口赞誉。

当时，年轻的托尔斯泰正在高加索山地服役。一天，他偶尔读到一篇关于他的作品的评论文章，作者是位著名的评论家。

托尔斯泰读着那些赞美的言辞，狂喜和眼泪几乎使他窒息。处女作的巨大成功，使这位本来胆怯的年轻人对未来充满了希望。从此，世界文坛上多了一颗夺目的明星。

一位天才在写出杰出作品时，居然不敢署名！这个故事，或许对我们是很大的鼓舞：原来，天才也曾不自信！

但是，不自信不可怕。这个故事给我们最大的启示在于：尽管不自信，但托尔斯泰还是勇敢地将稿件投给了权威刊物。

如果没有这样"试一把"的勇敢，他还会因此而获得巨大的成功吗？

许多人的潜能都是被压抑的；许多生命中应有的光芒，都是因为我们自行掩盖，最终使它消失了；许多应有的业绩，都是由于我们自行打击和否定，而胎死腹中。

不自信，害怕拒绝，这是人共同的特性。但是，不管自己行不行，不管自己在别人眼中是什么样，这些都不重要，关键是你得去试。

人生最大的失败，就是还没有试过就认输。

人生最大的神奇，就是通过尝试，做成了以往不可能做成的事情。

所以，没试之前绝不否定。

五、当上帝送一份特别的礼物给你时，往往以问题做包装

机遇只偏爱那些有准备的头脑。

——法国微生物学家　巴斯德

机会很重要，但有些机会，不是以大家所喜欢的面目出现，而是以让人烦恼的问题出现。

优秀的人，往往是从问题中发现机会，并且将问题转化为机会。

第一，一些人眼中的所谓问题，在另一些人眼里恰恰是机会。

阿丘是中央电视台著名节目主持人，他主持的《社会记

录》《人物新周刊》《天天故事汇》等栏目深受观众喜爱。

一次回到母校和在校大学生交流的过程中，阿丘表示，对于当前大学毕业生来说，大学里学什么、毕业于哪个学校都不是最重要的问题，重要的是敬业的心态和行动。

他这样说道：

“我给你们举个例子吧，每年到央视实习的学生很多，北大的、清华的，一抓一大把。来到栏目组，工作都是从‘贴票’开始。贴票就是把主持人、记者出差的票据什么的，整齐归类然后粘贴，有些同学受不了这么枯燥的工作就走了，走时还嘀咕‘怎么叫我来打杂儿呢’。

“一些同学却认真去做，还拖地擦窗户，边干活边观察，看怎么报选题，怎么采访，怎么做节目。到最后，留下的同学遇到机会，跟着记者一起出去拍摄采访，一起做节目，慢慢也就上路了。”

从阿丘的讲述中，你是否看到了区别？

让大学毕业生去“贴票”，说白了就是打杂儿。对许多大学生尤其名牌大学的毕业生而言，的确是大材小用。

但是，对另一些大学生而言，却不把这件事当成问题，而是当成了机会。

为什么？正因为这些事情是许多人不愿意做的，而又必须做的，自己放下身段去做了，甚至主动去做好，就更容易得到认可。这些问题，不就成了自己的机会吗？

有关机会的重要法则之一是：

别人不愿意做的事情，你却乐于去做，就变成了你的机会。

再与大家分享一个故事：

多年以前，我参加世界华商大会时，一个美国大公司的常务副总裁向大家分享了自己在美国发展的经历。

这位副总裁是中国人，出国前学的专业是企业管理，可到美国的第一份工作，只是一个仓库保管员。

开始的时候，他心里十分失落与纠结，也想离开这个仓库。但当几次找机会都没能离开之后，他突然想道：为什么企业管理毕业的大学生，就不能做仓库的保管员？与此同时，为什么当仓库保管员就不能做出经营管理大学毕业生的水平？

于是，他再也不怨天尤人，也不想换工作了，而是以货物的流通为切入口，从各种货物的流通速度来评判公司各项业务与市场的关系：销售得好的产品，他去分析原因；销售得不好的产品，他去询问公司的有关业务需要怎样改进与调整，并上交分析报告。这份常人看来难有作为的工作，竟然被他做得有声有色。

他这么做完全出于主动，他把公司的问题当作自己的问题，所以受到了公司的高度重视。十年间，他从管理员做到了副总裁，掌握着一百亿美元的资金。他虽然没有学过MBA，但是时常被大学请去做MBA讲座。

这个故事，让我们明白了一个道理：

“重环境，更重心境。”

我曾经在我们机构主办的“首届中国白领大课堂”分享过这一故事。记得我们做了一个调查，当时白领们感觉最大的问题之一，就是缺乏发展空间。听过这个故事之后，白领们纷纷表示：“心态是否积极，在一定程度上决定了自己是否有空间。”老说自己没有空间的白领们，确实应该重新审视自己是否有一种积极的心态了。

所有人的问题，有可能就变为某个人或某些人的机会。不仅在工作中是这样，在学习中又何尝不是如此？我在北大讲课时，曾经遇到一个文科状元，谈到自己为何取得这样好的成绩时，他说：

“我无非是把别人觉得不能学习的时间，都用来学习了。如下雪天非常冷，有的同学自习一结束就早早回宿舍，而我还要挤出一点时间来学习。”

是的，有些人，一遇到不顺心不如意的事，第一个反应就是“这是问题”，想办法逃避。

而另外一些人却懂得，人的价值，往往体现在解决问题中。所以不管遇到什么，他们都能积极面对。

结果，别人的问题，往往就成了自己的机会。

第二，上帝关上一扇门，也许会打开另外一扇窗。

老子在《道德经》中讲了这么一个著名观点：“祸兮，福之所倚；福兮，祸之所伏。”意思是福与祸相互依存，互相转化。

其实，有时发生一些不好的事情，虽然让人难以接受，但是如果以积极的心态与姿态去面对，也可能变为另外一件好事。

刘岩是著名的青年舞蹈家，从小就学习跳舞，在2008年的奥运会前，就被开幕式总导演张艺谋看中，要作为最优秀的舞蹈家之一，在开幕式上进行表演。

但没有想到的是，就在这时，一场意外事故让她受了重伤，从此下肢瘫痪，不要说表演，她再也站不起来了。

对一个以舞蹈为毕生梦想的青年而言，命运给她开了一个实在残酷的玩笑。她欲哭无泪，甚至连自杀的念头都有过。

但是有一天，她明白了：问题已经发生，伤心没有用，后悔没有用，怨天尤人也没有用，唯一能够做的，是勇敢地去接受自己已残疾的事实，重新找到生活的希望。

她重新有了一个以往不敢想的梦想：去考中国艺术研究院的舞蹈学博士。

她承认：在这件事上她实际是超没自信的那种。不说别的，光英文，就很担心自己过不了。但她也有一个信念：今年考不上，可以明年考，明年考不上后年再考，无论如何也要给自己争取到这个学习的机会。

而结果如何呢？她竟然在2010年，也就是第一年考试时就被录取了！当时报考的学生有七十多个，最终导师只收了一个学生，就是刘岩。

考上博士的刘岩欣喜地说："你看生命就是这样，你永远不知道下一秒会发生什么，有时是好的，有时是坏的。我出现了大的意外，生命反倒给了我一个惊喜。"

刘岩的命运，说明了一个经常被人提起的现象：

"上帝给你关上一扇门，一定会给你打开一扇窗。"

但是，关于这一点，刘岩还有自己的独特体会：

"我觉得所有的自信都不是别人给你建立的，一定是自己给自己的。你一定要有一个力量，是你主动推开那扇窗，而不是等着它自己去打开。你一定要主动去推。当你主动推的时候，你会发现那扇窗一定会打开。"

是的，当你拥有积极的心态、主动的精神，所有问题，都有可能变为机会！

第六章
要埋头苦干，还要抬头巧干
（成功到底有没有捷径？）

一、方向是金，方法是银

二、学会“不耻上问”

三、走自己的路，也听听别人怎么说

四、失败乃成功之母，总结乃成功之父

五、只要思想不滑坡，方法总比问题多

一、方向是金，方法是银

假如能充满信心地朝他理想的方向去做，下定决心过他所想过的生活，他就一定会得到应有的成功。

——美国成功学家　戴尔·卡耐基

在这永不再来的一生中，我们都应该尽量活出价值。

如何活出价值？方向至关重要，方法也十分重要。但是，方向应该是排在第一位的。

第一，一个人只要方向对了，然后不断努力，该有的一切都在路上等你。

人生首先要有方向与理想，就如同航行需要灯塔。

关于这一点，著名企业家冯仑曾讲述过一次十分难忘的体验。

有一次，他和王石等几个企业家从西安开车去新疆乌鲁木齐，结果在戈壁滩上，车突然出现了问题。如果继续开，就有可能把油烧完。前面什么都看不见，而且，那个地方没有手机信号，而且一个参照系都没有。地上全部都是戈壁滩上的鹅卵石，温度很高，轮胎很快就粘在了石头表面。他们没有办法跟任何人联系，越来越恐惧，焦躁不安。

这时候司机下了车，找地上有车辙的地方。找到后，就在那里等。后来，果然来了一辆大卡车。他们就拜托这辆车的司机，往前面开到有手机信号的地方，向他们的朋友求救，到后来，朋友赶来，把他们救出去了。

发生这件事后，冯仑有一个很深的体验：什么最让人恐惧呢？不是没有钱的时候，不是没有水的时候，也不是没有车的时候，最恐惧的时候，实际上是没有方向的时候。

当你有了方向，其实所有的困难都不是困难。

冯仑说："理想这件事情，就相当于在戈壁滩上，你突然找到了方向。其实生命当中，要活下来，第一件事是有方向。而且，人有了方向感以后，人会快乐，生命会变得简单，你就不会在现实中变成'纠结哥'，你会变成'淡定哥'。"

关于这点，我也有切身的体会。记得多年以前，我从许多人羡慕的中国青年报社辞职，去做帮助人提升的智慧研究与传播工作。开始的时候，事业非常艰难。

有一天晚上，在参加我们的活动后，我的一位朋友姜慧送我回家，在我家门口送了我这样一句话：

“一个人只要方向对了，然后不断努力，该有的一切都在路上等你。”

后来的事情越来越证明她讲得是何等正确。的确，度过最初的艰难期后，我当初所追求的一切都逐步实现了。

我很愿意把这份体验告诉大家：

面对人生，我们一定要明确人生的方向与理想。有了方向与理想，你不仅能充满激情、无怨无悔地去从事你所选择的事业，而且往往会最大可能地实现人生价值。

第二，要选正确的方向。

同样是一把刀，可以拿来砍柴或切菜，也可用来杀人。同样是一个杯子，可以用来盛糖，也可以用来盛放毒药。

人生的方向也是这样，我们要用正确的价值观来指导。只有价值观正确，方向才可能正确。

曾经看到一则新闻：中国国资委原主任蒋洁敏，在儿子小的时候，经常骑着单车带儿子去穿某些小巷，还借此教育自己的儿子：“要学会走捷径。不仅我们走路是这样，人生也是这样。”

儿子也真听他的话，之后常走“捷径”，利用蒋洁敏的权力捞钱。最终，一家人都进了监狱。

如果以这样的价值观去指导自己的人生，那不太可怕了吗？

作家林清玄曾经写过一篇《有风格的小偷》，讲的是走过一家羊肉炉饭店门口，老板要请他吃饭。他觉得自己并不认识这位老板，老板不应该无缘无故请他吃饭呀。老板说，我要感谢你曾以一篇文章拯救了我。

原来，多年以前，林清玄在一家报社担任记者。在警局，他得知：警察抓到一个小偷，这个小偷手法高明，犯案很多件，但是他才第一次被捉到。

这个小偷也很坦荡，当警察将一些案件的情况告诉他，问是不是他做的时，他立即承认了，但是，当警察把一些屋子被翻得凌乱的照片给他看时，他看了一眼就说：“这不是我做的，我的风格不是这样——我的手法没有这么粗。”

这个细节让林清玄百感交集，回来以后写了一篇特稿，感慨：“像心思如此细密、手法这么灵巧、风格这样突出的小偷，又是这么斯文有气魄，如果他不做小偷，做任何一行都会有所成就吧！”

这篇文章触动了这个小偷，出狱后，他就开始做正当生意，开了家羊肉炉饭店，生意很好，并已经有几家分店了。

同样的能力，用在不同的方向，效果就绝对不一样。

选择，首先要在正确的方向。这是不是值得所有人重视呢？

第三，要选前景更为广阔的方向。

这是一则耐人寻味的寓言：

白龙马随唐僧西天取经归来，名动天下。很多驴子来请教：为什么自己也很努力，却一无所获？

白龙马说，其实我去取经时，你们都在磨坊里没闲着，甚至比我还忙还累。我走一步，你们也走一步。

但是我为什么取得这样的成绩呢？只不过我目标和你们不一样，我的目标是与高僧一同去西天取经，所以十万八千里我走了个来回，而你们始终原地踏步罢了。

这其实是给大家一个当头棒喝：

不要以战术上的勤奋，掩盖战略上的懒惰。

现在人常常说自己忙，但是，没有方向的忙，就会变为“茫”（茫然），最终演变为“盲”（盲目）。

我们要为自己选择一个有前景的方向，而不是在没有前景，或缺乏前景的地方，劳累辛苦。

我们不妨根据时代的需求与社会的呼唤，去选择和修正自己的方向。这样，前景更为广阔，生活也会更为光明！

二、学会“不耻上问”

> 大胆是取得进步所付出的代价。
>
> ——法国作家　雨果

大家都知道一个词：“不耻下问。”说的是人要谦虚，遇到自己不懂的事情，对不如自己的人，也不要以向他们请教为耻。

那么，“不耻上问”又是什么呢？就是对比自己强的人，也要勇于请教，主动去问，不要胆怯或以此为耻。

这其实也是一种让自己更好成长，争取更大机会的方法。但不是所有人都容易做到，也得突破这样那样的心理障碍。

第一，不要为了保持廉价的自尊心，失去了最快成长的机会。

假如你刚学唱歌，发音谈不上好，偶尔还跑调，偏偏你和一个当今最有名的歌手同坐一辆车，这应该是你向歌手学习的好机会。

这时，请问你敢不敢放开歌喉，请这位歌手指教呢？

这个时候，尽管大部分人知道是很好的学习机会，但恐怕最终还会打消这个念头。

但是，有一个人偏偏就这么做了。

当时是在香港，林子祥是乐坛的领军人物。那一天，他和几个朋友、演员坐在同一辆车上去片场。这时一个刚刚出道，还在跑龙套的小演员提出：“这么坐着太枯燥了，我给大家唱唱歌，解解闷吧。”

车上的人都吓了一跳，心想：这小子胆子够大的，居然敢在林子祥面前唱歌！没有料到，这个小演员不仅没有胆怯，反而大胆对林子祥说：“大哥，我就唱两首你的歌，你帮我指点指点，提点意见吧！”

林子祥客气地微笑着伸出左手，做了个“请唱吧”的手势。这也许不过是一种客气，但没有想到，这个小演员就开始唱起了林子祥的代表作《分分钟需要你》。他一开始亮嗓，车上的人都忍不住大笑起来，因为他的嗓音与林子祥的嗓音相差实在太大了，由他来唱这首歌，不仅滑稽，简直是糟蹋好歌了。

但是这个小演员还是放开歌喉唱完了，之后还主动问：“您看我唱得怎么样？”

如果是按一般评判标准，的确不怎么样，但热心而且心胸宽阔的林子祥，还是对他做了一个积极的点评：“你的嗓音有些特别。以后有机会，经常来我的录音棚里玩吧！”

没有料到，这个小演员也没有客气，之后真的常去拜访林子祥。他谦虚地问、认真地练，林子祥也时不时地指点他一下。结果，他后来竟然成了香港乐坛的“四大天王”之一。

你知道他是谁吗？他就是刘德华。

“我真是厚脸皮！”多年后，在接受央视一期节目的访谈时，刘德华说起这段经历，笑着这样评价自己。他还总结出了这样一个观点：“先出丑，后出头。”

看到刘德华通过这种方式取得成功，我们应该很佩服。但平心而论，我们自己能做到吗？未必，因为我们有心理障碍，我们怕在比我们优秀的人面前丢脸。

其实，向优秀的人学习，真的是成功的捷径，也是最能获得机会的措施之一。

“读万卷书不如行万里路，行万里路不如阅人无数，阅人无数不如名师指路。”“听君一席话，胜读十年书。”这都是说明向优秀的人请教学习，是最有效果的。

但是人们往往因为怕在比自己优秀的人面前，暴露了自己的不足，从而丢脸，结果与机会擦肩而过。说白了，还是因为自己廉价的自尊心在作怪。

与此相关，还有一种情况，就是宁愿在比自己差的人那里享受自己的自大感，却不愿意向比自己优秀的人靠近。这样的结果会如何呢？

在我所写的作品“亲爱的孔子老师”系列里讲过这样一个故事：孔子说子贡将来的成就可能不会太大，而另外一个学生的成就可能更大。

为什么呢？因为子贡的缺点就是，喜欢在比自己弱的人面前炫耀自己，而另外一个学生则喜欢跟比自己强的人学习。幸亏子贡看到了自己这个弱点，积极改正，后来才有那么大的成就。

所以，请你从强者身上学成长，不要从弱者身上找虚荣。

第二，不要认定比你强的人会拒绝你，也许别人恰好非常愿意帮你。

不少青少年不向比自己强的人请教，有一个很大的心理障碍：认为别人可能看不起自己。与其被拒绝而丢脸，还不如敬而远之。

但是，这种顾虑往往是多余的，尤其在学校里。

在这里，与大家分享两个真实的小故事：

我有一个侄女牧星，有一段时期成绩不好。她向我打电话询问该怎么办。我说除了自己好好上课之外，最好是去交一个成绩好的同学做朋友，有问题多向他请教。她开始有顾虑，但我让她只管去试，果然，她找到一个成绩很好的同学做朋友。在提出希望对方多多帮助自己时，对方一口答应，之后，她的成绩的确逐渐提高了。

在河北衡水信都学校，我与学生们交流。学校除了倡导“自我管理”外，还倡导“诗意生活”“互助成长”。有一位名叫宋子怡的同学分享了她的一段经历：

她的语文基础不错，但是写诗是弱点。班上有一个女同学诗写得好。她想向这位女同学请教，但是很怕人家不愿意帮助自己。

有一天，她在学校散步时，突然想到一句诗，她将之扩展为一首诗，又觉得不太满意，这时候她鼓起勇气向那位会写诗的同学请教。没有料到，那位平时看起来“高冷”的同学非常热情地与她交流，同时还向她提出请求，请她教自己提高语文基础知识。她也热情地答应了。

她开心地说：“这一来，我们真正都实现了诗意生活、互助成长。”

是的，不要害怕别人不教你。

我经常与不敢请教别人的青少年讲这么一件事：金庸小说《神雕侠侣》中有一个大坏蛋金轮法王，最后竟然要收老对手——郭靖与黄蓉的小女儿郭襄做自己的弟子。为什么呢？因为他的弟子不争气，他一身功夫必须传下去，所以哪怕是对手的女儿，他也愿意传。

连大坏蛋都愿意传授自己的学问和本领，你为什么不争取向更优秀的人请教呢？

第三，不要被“大人物”的光环吓住，也许正是他促成你命运的彻底改变。

让我们一起来分享曾荣获诺贝尔文学奖的作家罗曼·罗兰与大文豪托尔斯泰之间的一段往事吧。

罗曼·罗兰二十二岁时，住在巴黎的一间阁楼里。他总觉得自己富有文学艺术的素质，倾向于选择文学事业，可是照世俗的理解，文学事业又有什么用处呢？他痛苦又矛盾，最后决定给当代文学大师托尔斯泰写封信，寻求指点。

为写这封信，他纠结了许久。因为托尔斯泰是大文豪，自己却是一个默默无闻的小青年。别人会回信吗？他并不敢奢望。没想到，几个星期以后，他突然收到一个寄自俄国的小邮包，打开一看，竟是托尔斯泰用法文写的亲笔回信，长达三十八页！

更没想到的是，六十岁的托尔斯泰对小他三十多岁的罗曼·罗兰说："我亲爱的兄弟，当我接到你给我写的信，心里不禁十分感动，我含着眼泪读完了它。"

在这封长信里，托尔斯泰谈了一个人选择个人道路的原则，说："一切真正的职业的前提条件，不是对这个职业如何爱好，而是看这个职业能否对人类有益。搞文学艺术（不仅是文学艺术）非要明确为人类不可！……不要说谎，不要害怕真理！"

读到这样的来信，罗曼·罗兰感动得流泪了，他感到这是"一种生活的启示，一扇开向无穷宇宙的门"。他下定决心要从事文学事业，最后成了世界著名作家。

我们无法想象假如罗曼·罗兰没有写这封信，他的人生会如何，但我们知道正是因为他写了这封信，他得到了大师的帮助，立下了终生的志向。

榜样摆在你面前，希望你也勇敢地向优秀的人"敲门"吧。

三、走自己的路，也听听别人怎么说

兼听则明，偏信则暗。

——唐朝名臣　魏徵

我们都知道一句名言：

“走自己的路，让别人去说吧！”

这话超牛气，的确在不少时候能坚定我们的信念。但是，如果从更好的发展的角度来讲，片面强调只走自己的路，就容易听不进别人的正确意见，得不到更好的参考与思路，甚至还会因为一意孤行栽跟头。

所以，我们可以将这话改得更全面一点：

“走自己的路，也听听别人怎么说。”

对此，有的读者可能会有疑问，因为在前面有关章节，我曾经提出一个观点：“命运在自己手里，不在别人嘴里。”怎么现在又要听别人的话了呢？

其实，这两者并不矛盾。“命运在自己手里”，是强调你勇于追求自己的理想，不要让那些否定你的言论阻碍了前进的步伐。但是，这并不意味着别人的话就一无是处，有时还能给我们很好的建议，这时候，我们就要多多参考其他人的意见，让自己少走弯路，获得更好的成长与成功。

第一，少一点抵触，勇于听取逆耳忠言。

我曾在《特区青年报》看到一篇文章《你的第二身份是什么》，文章讲述了这样一个故事：

一个中国留学生张君，为了既省钱又保证不错的生活条件，借住在当地一户居民家中。房东姓坎贝尔，是一对老年夫妇，待人热情又大方。

张君学习很认真，常常晚上学习到图书馆闭馆才离开，回到家发现坎贝尔太太会做好可口的饭菜在等着他。每隔四五天，坎贝尔太太还会催着他换衣服，把脏衣服拿走洗净熨好。

但是，没过多久，他就感到坎贝尔先生对自己的态度有些转冷，但不知到底为什么。

一天晚上11点多，他从学校回来，洗漱完毕刚想睡觉，坎贝尔先生进来了，客气地问他："孩子，在你中国的家里，当你半夜回家时，不管你父母睡没睡觉，你都会使劲关门、噼里啪啦地走路和大声咳嗽吗？"

他愣住了："我说不清，也许……"他长这么大还从没有人问过类似的问题，他自己也没有注意过这些"细节"。

"我相信你是无心的。"坎贝尔先生微笑着说，"我太太有失眠症，你每天晚上回来后都会吵醒她，而她一旦醒来就很难再睡着。因此，以后你晚上回来如果能够安静些，我将会非常高兴。"

坎贝尔先生停顿了一下，接着说："其实我早就想提醒你，只是我太太怕伤害你的自尊心，一直不让我说。你是一个懂事的孩子，你不会把我善意的提醒视为伤害你的自尊吧？"

这位留学生很勉强地点点头。他并不是觉得坎贝尔先生说得不对，或者伤自尊，而是觉得他有些斤斤计较。自己和父母一起生活了二十几年，他们从没有跟我计较过这种事情。他心里感叹：到底不是自己的家呀！

他改进了这点，但是后来有一天，坎贝尔先生又问他，是不是小便的时候不掀马桶垫子？他只好承认，有时自己着急，或者偷懒，的确没有掀开马桶的垫子。

坎贝尔先生大声说："难道你不知道那样会把尿液溅到垫

子上吗？这不仅仅是不卫生，还是对别人的不尊重，尤其是对女人的不尊重！”

他辩解：“我完全没有不尊重别人的意思，只是没有意识到……”之后继续小声辩说，“这么点小事，不至于让你这么生气吧？”

坎贝尔先生越发激动，又讲了一番要替别人着想、尊重别人，“这是一个人最起码的修养”的观点。可是，张君根本没有听进去，第二天他全然不顾坎贝尔夫妇的极力挽留，向他们辞别，去找一户比较“宽容”的人家居住。

而接下来的事情却令他始料不及。他一连走了五六户人家，都不愿意接收他，而且都问他：“听说你小便时不掀开马桶垫子？”这让他意识到在自己心目中的小事，在别人眼中的确是一件体现文明素养的大事。他只有满面羞惭地逃走。

事过多年，张君说自己一点也不怨坎贝尔夫妇把自己的“不良习惯”到处传播。相反，当遭遇那么多的挫折，他才明白自己的错误和缺点是不容忽视的。他还要感激他们，帮助自己看到了缺陷，变得更文明。

是的，能帮你校正错误的人，是真正帮助你成长的贵人。可是，有时对他们提出的不同意见，一些人往往会抵触。

假如能改进，让自己的胸怀更宽广一点，就能正确对待别人的意见，不仅不会像上面那个学生一样遭遇挫折，还可能得到别人更好的建议，让人生变得海阔天空，让自己变得更加优秀。

我们且看“凤凰传奇”中的曾毅是如何做的吧。

“凤凰传奇”组合中，女歌手是玲花，男歌手是曾毅。开始的时候，曾毅是有点心理障碍的。不仅因为自己以前是女方的领导，而且在相当长一段时期内，玲花是主唱，他只能是说唱，这种“红花”与“绿叶”的对比实在太明显了，他心里非常不是滋味。为此，他在演唱的时候，有意以光头、手套和墨镜“三大法宝”来突出自己。

过了一段时间，他们这个合唱组合的企宣公司负责人阿苦，也是玲花的丈夫，对曾毅提出了意见：“曾毅，你一定要把你这三大法宝拿掉。”

当时，曾毅心中不忿：去掉这三大法宝，我没有那个底气。我怎么再上台？

阿苦耐心地解释：“这个东西不是我讲的，我做了很多市场调查，你认为这样很酷，但是观众对你这三大法宝是很排斥的。你知道吗，光头让人家以为你刚刚出狱；你一戴眼镜，人家觉得你没有亲切感，太有距离；手套一戴，人家以为你还有手气，不敢跟人家握手。你相信我，改变一下，把你的头发留起来，做一个型男。”

尽管曾毅心中还不服气，但是，曾毅还是认真听取了他的意见，把这三大法宝拿掉了。不仅如此，他还从阿苦那里得到了其他宝贵的意见，不断改进。终于“凤凰传奇”成了千万人心目中的“完美组合”。

我们知道“凤凰传奇”最有名的歌曲之一是《最炫民族风》。关于这首歌，也有一个故事。当时，曾毅觉得“留下来”这一句词不好，录完音，说把它剪掉。但是他的老板说：“你相信我，这个肯定是对你有好处的，大家会记住你这一句的。”他相信了老板，听取了这一意见，事实证明不拿掉这一句，的确非常正确。

上述故事，都是曾毅自己讲的。他感慨地说：“别看我的老板是小学文凭，农民出身，阿苦先生是渔民家的孩子，但是，他们的确有许多值得我尊重和学习的地方。在我发展的道路上，我幸亏多多听取了他们的宝贵意见，才发展得越来越好。相信他们，我很幸福。”

是的，别人愿意把宝贵的意见告诉你，自己也能认真听取，这是一种福分，一种好运。

让我们也把自己的态度变得更谦卑一点，心胸更宽广一点，得到更多的指点与帮助吧。

第二，多一点自我要求，善于听出“弦外之音”。

有时候，别人向我们提意见，并不那么直接，也不那么强调。这时候，我们就要加强一点悟性，听出别人的“弦外之音”。

能这样做的人，往往是最优秀的人，也往往会格外受益。

周润发刚踏进演艺圈时，狄龙已是著名演员。他把周润发当小弟弟看，期望他早日有所成就。

有一段时间，周润发十分勤奋，天天忙得手忙脚乱。这一情况被狄龙发现，就问他：“最近在忙什么呢？”

周润发不好意思地摸摸头发，答：“还不是为了多赚点钱，不停地接戏。大哥，生活不易啊！”狄龙笑着拍了拍他的肩膀，没再说什么。

过了一些日子，狄龙感觉周润发好像更忙了，简直成了工作机器，一天到晚看不到人影，打电话也经常不接。他不由得思考一个问题，周润发有演戏天分，也很努力，可从他这段时间拍的作品来看，演技怎么没有一点进步呢？

负责任的狄龙，费了好大的劲才找到正在拍戏的周润发，问他：“为什么你这么长时间演技都没有进步？”

周润发直言相告：自己刚从最底层打拼上来，需要用钱的地方太多，每天都要跑好几个剧组接活。拍完戏后，还得把时间用在社交上，争取更多的表演机会，天天忙得不可开交，琢磨演技的时间也就少了。

狄龙看着周润发，并没有批评他，而是突然问：“还记得我们刚认识时，你说过你有什么梦想吗？”

周润发愣了一下，说："刚见面的时候，我说过我想成为明星。"

狄龙意味深长地看了他一眼，微笑着拍拍他的肩膀，转身离开了。

望着狄龙的背影，周润发突然有所觉悟。之后，他推掉许多对磨炼演技没有帮助的剧本，减少了应酬的次数，花更多精力揣摩演技。

终于，他在电影《英雄本色》中，扮演那个穿着风衣、洒脱大气、重感情的小马哥。这个形象彻底征服了许多观众，也让狄龙为他高兴。从此，周润发成了华语电影界的一线影星。

周润发这个故事，向我们演绎了什么叫作"响鼓不用重锤敲"。在发现周润发为了赚钱而随便拍片、不去钻研演技后，狄龙既没有直接批评他，也没有说他到底应该怎么办，只是轻轻提醒他别忘记了当初的梦想。但是，周润发却听出了他的"弦外之音"。

态度差的人，别人直接指出自己的缺点来也不愿意听取。

合格的人，别人指出自己的缺点就虚心改正。

而优秀的人，不需别人直接指出，就能悟出道理，并做出改进。

这样的人，是不是有悟性，对自己负责，也值得我们学习呢？

四、失败乃成功之母，总结乃成功之父

一个人的成熟与过了多少生日无关，只与你经历了多少事以及从中学到了多少东西有关。

——《意林》

我们都知道有一句名言：

“失败乃成功之母。”

这句名言说的是我们不要害怕失败，因为许多成功都是经历了一些失败之后才到来的。

但是，是不是经历失败就必然成功呢？如果是这样的话，那么我们天天去经历失败，或者多次去重复失败就行了。

实际上，从失败走向成功，还有一个重要环节，就是要学会从每次失败中总结教训，以后不再犯这样的错误，才能

向成功迈进。

不仅失败需要总结，成功也要总结。总结成功经验，就可以进步更快。

所以，我们不妨将理念往前拓展一下：

失败乃成功之母，总结乃成功之父。

第一，不总结老在爬行，会总结一日千里。

不总结与会总结，有怎样的区别，我们不妨从下面的故事中做一下比较吧：

在一个动物园里，管理员发现总有袋鼠跑到笼子外面来。于是他决定把笼子从三米加高到五米。第二天，管理员惊讶地发现，又有许多袋鼠跑到了笼子外面，他立即把笼子又加高到了十米。可没想到，隔天早上，袋鼠们又跑了出来。管理员着急坏了，干脆一口气把笼子加高到了二十米。

那天，长颈鹿和袋鼠们闲聊，问："你说那个管理员会不会继续加高你们的笼子啊？"袋鼠们笑了笑说："如果他继续忘记关门的话，我想他会继续加高笼子的。"

再看一则"数学王子"高斯的故事。

高斯是德国近代伟大的数学家，很小的时候，他就已经显露出数学方面的出众才华。

十岁那年，他是班里年纪最小的学生。一天上算术课，有些同学不认真听讲，在座位上搞小动作、说话，算术老师生了气，决定治一治他们。当下课铃响起时，老师故意出了一道算术题，要求谁先做完题，谁才可以回家。这个题目是：1 + 2 + 3 +……+ 100 一共等于多少？

题目出完后，学生们都立刻低头算题。而高斯却望着窗外思考着什么，忽然他低头拿起笔在石板上写下了这道题的答案——5050，然后就把石板交给老师。老师一看，答案完全正确，就让他回家了，而其他同学算了好一会儿才算出来，有的还算错了。

第二天算术老师说："你们昨天都看见高斯同学第一个交了答案，现在就让他说说是怎么又快又准算出来的。"

高斯说："我发现从 1 到 100 这一百个数有个特点，就是把头尾两个数依次相加都等于 101，而这样的数刚好 50 对，也就是 1 到 100 这一百个数中共有 50 对 101，所以这一百个数的总和就是 $101 \times 50=5050$。"

话音刚落，老师和同学们立刻为他鼓起掌来，算术老师还预言高斯将来可以成为一个大数学家。后来的事实证明，这位算术老师的话还真讲对了呢！

上述两个故事，是不是对比鲜明？动物园的饲养员不懂得总结，所以一次又一次重复犯错误。而十岁的高斯，却懂得寻找规律，所以他成为格外有智慧和有效率的人！

许多事实都告诉我们：

不会总结就当“爬行者”，会总结就当“飞行者”！

善于总结，你就会从“爬行者”变为“飞行者”。

第二，优秀的总结，从加强概括力与会说“一、二、三”开始。

既然总结这样重要，那么，该如何提高总结能力呢？

其实，很简单，一是加强概括力，二是会说“一、二、三”。

在如何加强总结能力、促进成长方面，自主管理畅销书作家吴牧天应该是颇值得大家借鉴的。且看他的两次总结故事：

在小的时候，他就会自觉去总结事物的特点。还在幼儿园时期，他第一次看到了一只活猪，十分高兴，就总结了猪的特点：

“猪是这样一种动物，活着就是在于吃和被吃。”

请注意，这是一个幼儿园的孩子所做的总结，是不是概括能力够强了呢？

吴牧天从十七岁生日那天开始，写作以“每日总结”为特点的“自我管理日记”。后来，他将这些日记的精华选出来，在《自觉可以练出来》一书发表。

且看该书记录他高三时作为优秀学生在美国做交流生的一则日记吧：

在美国中学上课，我最自信的是物理与数学。但是，历史课却是我最头疼的，因为我以前没有学过美国历史。上课时不仅觉得累，也不自信。

然而，今天的一件事，给了我很大的触动。

历史老师说需要一个字写得很好的人，帮他抄一段文章来做海报，请觉得字写得好的同学举手示意。

听到这话的一瞬间，我不由得心中一喜。不怕人笑话，在写字方面，我练的可是“童子功”啊！当我还在读幼儿园时，我的外婆——一个很优秀的小学教师，就教我一笔一笔练字，我也越练越有兴趣，越练越有效果。

于是，不管是在幼儿园，还是后来上小学和中学，我都是班上写字最工整也最漂亮的人之一。在写英文时，我又把写中文的一些方法用了过来。所以，我的英文照样写得不错。

我正想举手，但抬头一看，没有任何一个人举手，我不免动摇了：我写英文有多长时间呢？那些美国同学从小就练英文，可能很多人都比我写得更好！他们都不举手，我出这个风头干什么？而且，我历史课的基础本来就不好，难道要通过这个可怜的字，来证实自己不错吗？别人不笑死我才怪！

没有料到，过了几分钟，还是没有任何人举手。老师不满了，就让大家打开作业本，他一个一个看过来，看了十多个人，要么不作声，要么微微摇头。

老师打开我的作业本，我心情复杂地盯着他。

没有料到，他啪的一声用力把我的笔记本合上了，用一种特别响亮的声音说：

“就是你了！字写得很好看，竟然还不敢举手！”

听着老师的话，我脑海里一片嗡嗡嗡的声音。我还没有反应过来，老师竟然用宽大的手，将我的手紧紧握住，说：

“欢迎来到美国——一个你不主动表现，就没人挖掘你的地方。”

这句话有如当头棒喝，让我十分激动，同时也让我不断反思。

从放学到晚上，我都在总结这件事给我带来的积极影响，我觉得有如下几点：

1. 在现代社会，尤其是在美国这样的地方，要脱颖而出，的确需要让自己的才华和能力得到适当展示！

2. 我们不仅要当“金子”，而且自己也要主动当那双使“金子”放光的手！

成为金子固然好，但也要明白不是有能力，别人就肯定能发现你。你不主动展示，便可能没人知道你的才能。你也同样可能会被埋没。

3. 勇于向“从众心理”挑战。

据心理学家解释：从众心理就是别人怎么样，大部分人怎么样，你就跟着怎么样。在这件事上，我看见大家都没有举手，就自然不举手了。这就是从众心理在作怪。

其实，很多时候，我们不必在意别人，只要考虑自己该不该做就可以了。只要该做，你就应该充满勇气地去做。这样，你才能抓住机会，也更能无怨无悔！

看到没有？就这样以“一、二、三”的方式，将一件事情中能学到的东西，都分别剖析。

这样的总结，是不是一目了然，对以后的成长也更有帮助呢？

希望你也开始进行总结，尝到总结带给你的甜头！

五、只要思想不滑坡，方法总比问题多

人与人之间的最大区别，是脖子以上的区别。大脑决定一切。

——比尔·盖茨

我们重视努力，但努力也要注意效率。这就要在掌握方法上下功夫。

聪明的人，都是重视寻找方法、善用方法的人。

我们说："方向是金，方法是银。"在明确方向之后，拥有好的方法就至关重要了。

第一，只为成功找方法，不为失败找借口。

要成为一个有方法的人，首先得与消极的心态与思维方

式做斗争。

假如你还是一个十五岁的学生，你能不能凭自己的能力赚钱买一辆车？

恐怕绝大部分青少年都会摇头："你说的是天方夜谭吧？"

但是，的确有一个学生做到了。那就是美国的著名企业家哈默。

哈默刚上中学时，就希望自己能拥有一辆小汽车。但是家里不可能给他买，他就琢磨：我能凭自己的本事得到一辆车吗？

有一天上街，哈默看到了一辆小汽车，喜欢得不得了，他很想买下来。但是他没有钱啊，就向自己的哥哥借，说自己一定在一年内还钱。哥哥借钱给他了，但不相信他一年内能还钱。

不料，他可不是放空炮。之后，他到处找商机，琢磨着如何快点赚钱还给哥哥。到了圣诞节的时候，他看到了一则广告，有一家商店要送很多货，缺乏送货的人。

于是他主动上门应聘。老板说：你太小了，我不能用你。他说：别看我小，但我很灵活，而且我还自带交通工具。如果达不到你的基本要求，我宁愿一分钱都不要。

老板答应试一试。没有想到，他真的非常灵活，而且格外勤奋，第一天送的货就比其他大人送的都多。老板让他好好干，结果圣诞节之后，他得到的报酬超过了其他人。

他通过这种方式不断赚钱，不到半年就把借哥哥的钱还了。从此他就拥有一辆完全属于自己的小车了。

虽然是一个赚钱的故事，但对成长中的我们来说，有几点借鉴意义：

首先，他敢于树立别人不敢想的目标，向“不可能”的心理挑战。

其二，说干就干，不让梦想沉睡，将对目标的向往落实为实实在在的奋斗。

其三，重视方法，用创造思维实现目标，解决问题。比如，在一般人的思维中，小车主要是一个消费的交通工具，但是哈默把它当作一个送货的交通工具。

其四，遇到问题，不是知难而退，而是迎难而上，想办法去解决问题。比如老板看他太小，本来不想用他，但是他主动提出：如果达不到标准，就不要钱。而他得到机会后真正做到了，最后竟然比其他人得到的报酬还多。

我曾经写过一本发行百万册的方法学著作《方法总比问题多》，其中的核心理念是“只为成功找方法，不为失败找借口”。

哈默的做法，正是打破“不可能”的借口，找到实现目标的有效方法的高度体现。

一个优秀的人，应该积极去想方法，以更好的方式去解决问题，实现目标。为此，他首先就该向各种借口挑战。

你想成为一个有方法的人吗？那么就先从拒绝借口开始吧。

第二，学会“找方法的方法”。

拒绝借口，打下了找方法的基础。下一步，就是如何从没有方法变得有方法，从方法少变得方法多。

要成为一个有方法的人，可以采取许多措施，如学习各种具体方法，如运用侧向思维、逆向思维、灵感顿悟思维，等等。

而我经过多年的研究与体验，认为可以通过掌握“找方法的方法”来拓展思维，提升思维质量。

所谓“找方法的方法”，核心是三句话：

总有更多的方法（即要拓展思路，至少要想出三种方法，越多越好）；

总有更好的方法（即要优选方法）；

总有最好的方法（即要选出最理想的方法来）。

前不久，媒体报道了著名歌手周杰伦在西安开唱，因为“护粉”心切，呵斥安保人员“滚出去”。这件事引起了热议，一些粉丝说他的行为很令人感动，但有关方面，也包括不少大众人士说他做得太过分。事后周杰伦通过经纪公司道歉，还录了视频再次道歉，并取得了有关方面的谅解。

事后，有人说：这太难了！在当时的情况下，要照顾粉丝心理，肯定就要得罪安保；顾及了安保，也许又会让粉丝心里受伤。要处理好这个关系，真不容易呀。

那么，还有没有更好的方式呢？当然有，周杰伦在多年以前，也遇到过两难处境，就采取了很合适的方式解决。

那是他在饭店打工期间，每天坐在钢琴前弹奏，经常有客人要求点歌。

一次，餐厅里有位客人过生日，希望周杰伦弹奏一曲轻快的音乐。可偏偏另一位老板，喝多了酒，甩出钞票，非要听点刺激的不可。为此，两个人还都在周杰伦面前摔下钱，都要他演奏自己喜欢的曲子。双方谁也不肯让步，差点大打出手。

就在这时，周杰伦灵机一动，说：

“你们都是这里的客人，这些钱我不能要。现在，我来演奏一首乐曲，你们猜，谁猜对了，谁就跟着我的伴奏唱。”

两位见这是一个不错的主意，便欣然同意了。

就这样，周杰伦先是弹了一首轻音乐，让过生日的客人猜中，之后又弹了一首怪异的交响乐，让喝醉酒的客人猜中。

几曲下来后，双方都十分满意，不但没有打架，反而相互对唱起来。这样，餐厅的气氛缓和了下来。老板十分高兴，当即给周杰伦涨了工资，月薪七千元台币。

周杰伦能采取这种方法，是不是运用了前面说的“找方法的方法”，选出了更理想、更好的方法呢？

周杰伦当初这种处理问题的方法，其实也是处理棘手的两难问题的有效方式。所谓两难问题，就是好像只有两种选择，选择这种，有一份好处但也有一份弊害，选另一种，有另一种好处又有另一种弊害，让人左右为难。

这时候，我们可以借鉴犹太人的一句名言：“当两条路摆在面前时，选择第三条。”

也就是说，要跳出“非此即彼”的机械思维，寻找新的思路。周杰伦正是找出了理想的“第三条道路”，让两难问题迎刃而解。

这种去找更理想方法的做法，值得学习。

第七章
千万不要当“草莓族”

（如何应对逆境与挫折？）

一、面对充满挑战的世界，你的“玻璃心”不值钱

二、越能适应世界，越能影响世界

三、困难是弱者的“绊脚石”，却是强者的“奠基石”

四、要志气用事，不要意气用事

五、挫折不是失败，而是重新学习的机会

一、面对充满挑战的世界，你的“玻璃心”不值钱

生活是艰难的而且是稍纵即逝的，但是其他的生活是没有的。我们决不害怕这唯一真实的生活。

——哥伦比亚作家　马尔克斯

成长不易，世界也处处充满挑战。

遗憾的是，有些青少年的心却是“玻璃心”，一碰到不如意的事情或挫折，就容易变成碎片。

这时候，你得知道：不管你如何珍爱、呵护你的“玻璃心”，它却一点也不美好，也不值钱。你首先得让自己的心灵强大起来。

第一，温室里的花朵难长大，“抗挫商”差的人难生存。

当你做作业的时候，如果家里电视声音很大，你会不会把它调小？

如果你爸爸或妈妈偏偏要把电视机的声音调大，你会不会觉得父母太不关心你，甚至会与他们大闹一场？

应该说，有这样的反应是正常的，人之常情嘛。但是，有一个学生，遇到他爸爸干这种事情，本来很生气，但听了爸爸的话后，一点脾气也发不出来了，反倒觉得爸爸讲得很有道理。

这个学生叫刘轩。而他的爸爸，就是著名作家刘墉。

刘墉对儿子刘轩的教育方法一直都很“严厉”，甚至有些“不近人情”。

刘轩小的时候，晚上做作业时，刘墉就在外面看电视，而且将音量开得非常大。刘轩被吵得没办法，于是不高兴地向爸爸提出抗议。

但刘墉对此却丝毫不理会，反而理直气壮地对儿子说：

“我现在可以为你将音量调小，但将来你到了社会上，谁会为你将音量调小呢？”

尽管当时刘轩有些难以接受，但不得不承认爸爸讲得在理。于是，他便忍住自己心中的不快，提升自己的抗干扰能力。不仅如此，他还从各方面锻炼自己。后来，刘轩不仅成为哈佛大学的博士，还出版了好几本受青少年喜爱的作品。

刘墉的做法，实际上可以用来解决不少青少年心灵脆弱、抗挫折能力弱的问题。

不得不承认，在当代，由于父母的宠爱，以及教育方面的缺陷，不少青少年遇到不如意的事情，尤其是遭遇挫败的时候，心灵是那样脆弱。

且看一个事例。

据《华商报》报道：十五岁应该是花一样的年龄，但陕西省吴堡县的初二女生小玥却因学习问题和父母产生矛盾，在吵了一架后离家出走，最后自杀溺水身亡。在现场，她还留下了一封遗书：“世界我来过，我走了，爱所有善的人。”她还把自己的校徽放在旁边。

据报道，这位学生的成绩其实也比较好，仅仅因为学习问题与父母闹矛盾，不仅离家出走，而且还要自杀，是不是太过分了？而且，从她自杀前的这些小举动看来，她是热爱生活的。但既然热爱生活，又如此轻率地放弃生命，是不是太不值得了呢？

这种“玻璃心”的现象很多，仅举几个我在写作此书进行调研时，所听到的几则故事：

一个同学在上厕所时，听到一位平时与自己好的同学在说自己某件事情没有做好。他认为这是背着自己讲自己的坏话，火冒三丈，不仅要与那位同学绝交，还想做出过激的报复行为。幸亏他在把这些情况写在纸上后不小心掉下来被父母看到，不然不知道会是什么结果。

一个大学毕业生，进入工作岗位后，处处看不惯领导与同事，结果半年内跳了十四次槽，成了“跳槽专业户”。后来父母逼迫他必须在一个单位里至少先干足三个月。他咬牙在一个单位里干了一个半月，有一天领导安排任务给他，他没有完成好，领导说要罚他款，他先与领导争论，之后竟然将一杯热水泼到领导脸上。其结果，不仅是被开除和赔款，而且还引来了警察，受到处罚。

……

面对这些情况，不少有识之士开始呼吁：

孩子们，学会早早长大吧。这是一个你们要生存的世界，充满了挑战，赶快与你们那易碎的“玻璃心”告别吧！

面对这种“玻璃心”的问题，我们不妨再了解一个概念：“抗挫商”。

“抗挫商”又叫逆商，简称AQ，是白宫商业顾问、美国培训大师保罗·斯托茨提出来的。它是指人们面对逆境时的反应方式，即面对挫折、摆脱困境和超越困难的能力。

有一种认识：智商重要，但情商比智商重要，而抗挫商比情商更为重要，因为生活就意味着挑战，而AQ，意味着你应对生活挑战的能力。

温室里的花朵难长大，“抗挫商”差的人难生存。面对生活的不如意与这样那样的挫折，请提高自己的AQ吧。

第二，战胜“玻璃心”，才可能碰到“金手指”。

纵观古今，真正要成就一番事业的人，谁没有经受过这样那样的考验？有几个人能一帆风顺？许多时候，美好的机会是在前方等着你，但是有个前提：你必须在失落、失败甚至惨败时还坚韧地努力，才能看到机会的“金手指”。

刘劲因在多部影视剧中主演周恩来而成为享誉影视界的著名演员。我们且看他的成长和成功经历：

刘劲曾多次考大学而没被录取，为了提供他必要的生活保障，他的姐姐还因此迟迟不敢恋爱。他也曾想干脆放弃考学算了，但是在姐姐的鼓励下，他逼迫自己加倍努力，终于考上了解放军艺术学院。

毕业后，他进入了演艺界。这时他踌躇满志，很想好好表现一番，一鸣惊人。但是第一次出演，就被狠狠地浇了一桶凉水。

当时，他被分配了一个角色，演一个参谋。他十分认真，给自己设计了很多形象，戴着眼镜，夹着公文包，很精神。同是一个送电报的细节，他精心设计了不同的做法：第一次送电报，就说“报告，主席，电报”；第二次时就说“报告主席，电报退回来了”，等等。

照理说，把一个小角色演得有些特点，应该受到表扬吧。没有料到，他反倒受到一个老演员的批评：“刘劲，你怎么回事啊？你设计那么多细节干什么？你把那个主要演员的戏都抢了！”

这让他很受打击，但是既然老演员这样说，自己再难受，也得接受别人的建议。于是，他把眼镜摘了，笔也放下了，送电报时就简单地送出电报就结束了。

不要认为这样的遭遇只有一次，实际上，进入演出团的头几年，他一直没有成就感。他也曾想放弃，但是想起姐姐当初鼓励自己坚持高考的事情，他又逼迫自己坚持。

刘劲面对挫败并没有消沉的态度，被他人看在眼里。而他的敬业精神，也渐渐为他赢得更多表演的机会。终于有一天，他最好的机会出现了。

有一年，他出演了《宋家三姐妹》里边的张学良。在该戏中，这只是一个打酱油的角色。但这时，他遇到了一个贵人：著名化妆造型大师王希钟老师。老师打量着他，说了这样一句话：“小伙子，你不仅能演张学良，你还能演一个人。”刘劲问是谁。王希钟慢条斯理地说：“周恩来。”

“周恩来？这怎么可能？”刘劲不由得说，“您是跟我开玩笑吧？”但别人可不是开玩笑。过了一段时间，王希钟推荐他在电视剧《遵义会议》中出演长征时期的周恩来。这次真是一炮打响。之后，他在电视剧《长征》等多部影视剧中出演周恩来，成了当代演周恩来最有影响的演员之一。

回首往事，刘劲非常庆幸当初遭遇那么多考验的时候，没有被打倒，而是在坚持中让自己更为坚强。他在一次讲座时讲过这样一番话，值得广大青少年学习：

“其实无论事业还是爱情，我们为什么烦恼纠结，那是因为我们心中没有一棵大树，如果人心中没有大树，就会杂草丛生。

“你们心中的大树，可以是一个梦想、一个榜样、一个信念，用一辈子做好一件事，你心中的那棵大树，一定会开出最美丽的花。”

是的，只有战胜自己的“玻璃心”，才可能握到机会的“金手指”。

近年来，针对当代一些青少年抗压能力弱的情况，出现了一个新的词——“草莓族”。草莓看起来光鲜，但就是经受不了挤压，也就是说抵抗挫折的能力太弱。

但是，学习、生活及工作中是有各种挑战的。这时候，就需要我们告别“玻璃心”，不当“草莓族”！让我们学着让心灵强大起来吧！

二、越能适应世界，越能影响世界

世界是不公平的，要学会适应它。

——比尔·盖茨

“中国青少年最缺乏的教育之一，是适应力的教育。正因为缺乏这方面的教育，所以不要说走入社会容易处处碰壁，而且不少青少年自杀的现象，也与此密切相关。”

有一次，在我进行一场生命教育的讲座后，中国青年政治学院一位副院长与我分享了上述观点，很有道理。

培养适应力，不仅是生存的需要，也是发展以及更好地给世界积极影响的需要。

第一，越早适应“不如意”，越能过得“更惬意”。

一谈到适应，有些青少年心里是抗拒的。好像适应就是妥协，就是向这个让自己不爽的世界投降。这时候，请你好好读一下比尔·盖茨写给中学生与大学毕业生的十一条格言，其中的第一条就是：

“世界是不公平的，要学会适应它。”

事实上，许多有较大发展的青少年，都在较早的时候，培养了自己的适应力。

《哈佛女孩刘亦婷》的作者，也就是刘亦婷的妈妈，披露了一件刘亦婷小时候发生的事情：

刘亦婷上小学不久，她的主动活跃很快就引起了班主任的注意，开学没几天，老师就让她当了代理班长——正式的班长要在两个月之后再决定。但没有想到，几天后，她就因为一件意外的事情而“失宠”了。

那是在语文课上，班主任正在教大家用拼音读生字，在读四声字的时候，班主任先读三声再转到四声，如把“区——去”读成“取玉——去”。刘亦婷因为在家里习惯于随时纠正错误，她马上就举手发言，当众指出了班主任这种读音是错误的。班主任不高兴地说自己没有读错。

刘亦婷还想争论，但被要求坐下，班主任还批评她骄傲自满，随后她代理班长的职务也被撤了。

这给她很大打击。她很不服气，回去告诉妈妈。妈妈首先肯定了刘亦婷发现别人有错误主动指出是负责任的表现，然后与她交流：

“虽然你在这些方面没有错，老师因此撤掉你的代理班长，看起来也的确是不公平。但你有没有想过，当众纠正别人的错误效果好不好呢？尤其是在老师对你还不了解的情况下，会不会容易怀疑你的动机呢？假如你在下课之后单独找到班主任，用请教的方式向她提出这个问题，你看会不会是现在这个结果呢？”

刘亦婷想了想说：“我想不会，至少老师不会因此而不高兴。这种做法不会伤老师的面子。”

经过这件事情后，她后来也不止一次遇到这种看起来不公平的情况。开始的时候，她也会想不通，多次眼泪汪汪地提出质问：“凭什么呢？”但是，经过多次重复和实践，就形成了“自我调整为主”的行为模式，在讨论问题的时候，刘亦婷经常会说到这样一句话：

“既然这不是我们能改变的，还是说我们能做些什么吧……”

其实，这种现象也有一定的普遍性。许多青少年就是过于较劲，想不通的时候，也总是质问：“凭什么呢？”

当然，遇到这种问题，能顺利解决最好，如果一时难以解决，就要像比尔·盖茨讲的那样，学会适应“不公平”。

适应不是说你认可那种不公平是对的，更不意味着你也要去做这种制造不公平的人，而是一种调整的智慧。就好像你眼前突然出现了一个你一时无法搬走的大石块，你骂人没有用，你站在石头边不动也同样于事无补。这时候，你不如绕过它，继续自己的行程。

对不公平的世界要适应，对公平的要求更应该适应。明白这样的道理后，你就能够在生活与工作中加速成熟了。

越是能够早日适应“不如意”，你就越能做到“更惬意”。

第二，要影响世界，就不要犯先穿鞋子再穿袜子的错误。

在当代社会，人们往往注重增加自己的影响力。有没有影响力，是你有没有“软实力”的标志，有时也是你是否具有领导力的标志。

但是，如何去增加自己的影响力，却有着不同的做法。

在一个幼儿园里，新来了两个小朋友。他们都是有能力而且有领导意识的孩子。第一个孩子，一来就要展示自己的影响力，仗着自己见多识广又能干的优势，对小朋友们发号施令：“你们应该这样做……”

奇怪的是，孩子们并不那么听他的话，反倒排斥他。

另一个孩子，其实也懂得很多，但是他不先指手画脚，发号施令，而是先和其他孩子在一起玩，慢慢摸清了大家交往和游戏的规律以及不同孩子的特点后，因势利导地逐步发挥影响力。到后来，大家就都听他的话了。

上述故事，来自《情商》一书作者戈尔曼博士的调研，并成为一个重要案例，说明情商的重要。

一个高情商的人，往往不会不考虑别人的感受就直接发号施令，而是先让别人接受自己这个人，再让人接受自己的理论与指导，这样就更容易达到这个效果了。

的确如此。我们且来分享古代一个著名的影响别人的故事：

叔孙通是秦朝末年的文化名人。当时刘邦是反秦军的主要领袖之一。叔孙通认为刘邦从事的是正义的事业，而且他的一些做法，也更容易成功，就带着一帮儒生去投奔他。

当时，他们是穿着洁雅的儒士服去见刘邦的。没想到，草根出身的刘邦却十分厌恶这种打扮。

叔孙通下朝后立即换了服装。之后穿着短衣，十分朴素。刘邦见了十分欢喜。

刘邦问他能干什么。他却问刘邦目前最需要的是什么。刘邦说最需要的是能打仗的人才。他便想办法寻找并推荐一些能打仗的人。这些人往往出身卑微，行为粗野，但因为会打仗，也都被刘邦重用。

当时叔孙通教了一百多名弟子，但他很少推荐。这些儒生纷纷抱怨。叔孙通听后说：“你们发什么牢骚？你们难道能打仗吗？你们等着吧，会有你们施展才华的机会的。”

汉朝建立后，叔孙通大受重用，杂采古礼和秦制，制定了汉代的礼仪，并将被秦始皇“焚书坑儒”大大破坏了的儒家文化发扬光大。那些当初抱怨他的儒生，也都纷纷得到重用。在复兴中华文化方面，叔孙通立下了很大功劳。

在日常生活中，我们都知道一个很简单的道理：假如谁想先穿鞋再穿袜子，那必然是一个大笑话。但在处理问题和谋求发展时，许多人偏偏容易犯这种错误，就像那帮责怪叔孙通的儒生。

叔孙通恰恰就是把握了必要的次序：先穿袜子再穿鞋，让刘邦先接受自己这个人，站稳脚跟后，自然就成功了。

的确，对于只会盲目凭一己之长，就想影响他人的人来说，懂得次序的重要性，实在太关键了。一般人认为有本事找到合适的欣赏者就成功了，但是他们往往忘记：有本事是一回事，能不能把自己的本事推销出去是另一回事，而次序整合，在这里恰恰是十分必要的。

那么，从上述故事中，我们怎么学到方法，通过掌握适应法则去影响他人呢？可以遵循这样的“影响次序”：

知道自己的目标。

先分析我自己在他人眼中的形象。

再想他人愿意接受我是什么形象。

采取他人容易接受的方式，给予合适的形象，再实现自己的目标。

最后，我们不妨进一步来认识比尔·盖茨关于适应的格言。

众所周知，比尔·盖茨是微软的创始人，高科技时代的青年创业领袖。照理说，他应该号召大家："大家跟我上，我们一起去征服世界。"但是，他却要你先去适应世界。这是为什么呢？

很简单，生活充满了辩证法。要影响世界，你首先得去适应世界。越能适应世界，反倒越能影响世界。

三、困难是弱者的“绊脚石”，却是强者的“奠基石”

幸运之神要赠给你成功的冠冕之前，往往会用逆境严峻地考验你，看看你的耐力与勇气是否足够。

——美国成功学家 拿破仑·希尔

在我们成长与发展的道路上，遭遇困难是避免不了的。有时困难还很严重。

这时候，不同的态度决定了不同的命运。

有的人在战略上蔑视困难，在行动上挑战困难，最终战胜了困难。这些人就成了强者。

有的人在战略上恐惧困难，在行动上躲避困难，最终被困难战胜。这些人就成了弱者。

正如法国著名文学家罗曼·罗兰指出的：

“只有经过炼狱才能打通走向天堂的道路。”

既然困难无法避免，那就学会做一个勇于挑战困难的人吧。

第一，弱者知难而退，强者迎难而上。

下面这个故事是我最喜欢的励志故事之一。

这是在大型先锋青年观点集会《奇葩大会》上，“创业网红”、洛可可创始人贾伟讲述的奋斗经历：

十八岁时，他想考清华大学美术学院。在参加考前培训班时，老师让他画六个手电筒。他从小到大只看过一种铁手电筒，于是只画了一个。然后，老师问他是从哪里来的，他回答说宁夏。

没有料到，老师以一种很瞧不起他的语气说：“你是骑骆驼来的吧？我看你还是回去更好。我见过山里来的，见过村里来的，第一次见骑骆驼来的。像你这样的人我见多了，你考不上的！”

听完老师这番话，他的眼泪忍不住唰的一下流出来了。考清华美院，这是他多年的梦想啊，寄托了多少他对自己未来美好生活的向往！老师凭什么就断言自己不行，而且要自己回去呢？

他不服气。既然老师说他画不好手电筒，于是他就去北京各大商场看各种手电筒，接下来的十五天，他都画手电筒。

没有想到，终于进行高考，考专业课了，他拿起卷子一看，竟然就是要求画六个手电筒！他拿起卷子微微一笑，五分钟画了六个，然后举手找老师要了张纸，唰唰唰又画了六个，之后又要纸画，总共画了三十六个手电筒，引得隔壁考场的老师都来看他，并指着他说：“这是天才。”

他终于以全国前四十名的好成绩考上了清华美院。

如果认为开始让画六个手电筒，考试真是画六个手电筒的故事有些巧合，那么，他在后来创业过程中遇到困难时的表现，就再一次体现出他的态度与精神了。

贾伟创立北京洛可可科技有限公司，是凭着五百元钱租用的一个工位白手起家。说到月租五百元的工位，也有一番波折。

当时这个工位，旁边有个漏水的饮水机，没人愿意去坐，于是就差点成了一个“废工位”。但是，这个谁都不要的地方，贾伟要了。他把饮水机修好了，不仅将这个看来如同“废工位”的地方用好了，也方便了大家用水。于是，他以五百元的低价，得到了这个工位。

他这种无惧困难，甚至把困难变为机会的做法，让出租工位的老板另眼相看。当他租到四个工位时去注册自己的公司，那位老板也投资了百分之二十的股份，成了他最早的投资人之一。

到如今，贾伟的公司已经拥有近一千位来自全球的设计师，成了全球最大的线下设计公司，成了服务世界五百强客户最多的中国设计企业，也成了获得国际大奖最多的公司之一，是当今青年最闪亮的“创业奇迹”之一。

每个人的成功都不是偶然的。当我们赞赏和敬佩贾伟的创业成果时，我们再来回顾他的奋斗历程，是不是可以学到一种真正的强者精神呢？

一些人因为外在的困难放弃了自己的努力，另一些人因为本身能力的不足，就认为“我不行”而乖乖认输。

只有真正的强者，才会蔑视困难、挑战困难，将困难踩在脚下。

强者迎难而上，弱者知难而退。

第二，外在的困难强大时，就该增加内在的动力。

作家奥威尔在《动物庄园》中塑造了一头叫本杰明的驴子，它说：“上帝给我尾巴是为了驱赶苍蝇，但我却宁愿没有尾巴，也没有苍蝇。”

这只驴子的话，其实代表了不少人的心理：他们希望生活没有问题，没有困难，没有压力。

但是，这样的生活存在吗？根本不存在。反而，有时候，困难还会很大，压力还会很强，甚至达到让人不可忍受的程度。

那么，这些困难和压力，真的是不可战胜的吗？

我们且来看一个一直在底层奋斗挣扎，但面对困难决不屈服，而是超越命运的人——著名相声演员岳云鹏。

岳云鹏出生在河南农村，在家排行老六，由于家里孩子多，岳云鹏十三岁之前没穿过新衣服。有一次老师催他补交六十八元的学费，当时旁边很多同学看热闹，小小的岳云鹏自尊心受到极大的打击。之后，初中一年级还没读完的岳云鹏选择辍学来到北京。一路上，他暗暗发誓：一定要争气，早日挣钱孝敬父母！

他先后在纺织厂打杂儿，在电机厂做保安。后来觉得自己应该学点东西掌握一门技术，于是经朋友的介绍，他来到一家美食城打工，整天累得腰酸背痛，只为有朝一日能跟大厨学点手艺。他苦苦工作了大半年，不但没有机会学到手艺，反而被老板无情地开除了，只因厨师长的亲戚要干他的那份工作。

之后，他又在一家炸酱面店工作，做前厅的服务员。一次，由于一时粗心，岳云鹏写错了菜单，仅仅是因为多算了六元啤酒钱，客人不仅不买单，还用各种脏话侮辱他。无论岳云鹏怎么说，打折、免单、赔不是，对方还是用各种言语侮辱他，足足三个小时。最后岳云鹏自己掏了三百五十二元的饭钱，客人才离开。

当时他一个月的工资才一千元，竟然就为了这一个小错误，遭受这么大的损失，真是欲哭无泪！更让人气愤和伤心的还在后面：饭店经理对所有员工说不要犯和岳云鹏一样的错误，随后把岳云鹏开除了。

遭遇这样的打击，他在北京还待得下去吗？他心中打过无数次的退堂鼓，但最后还是对自己说：不，为了父母，为了让自己将来更好地生活，自己不仅要奋斗，而且要奋斗得更好！

一个偶然的机会，有人介绍他去向相声演员郭德纲学习。在他开始学习时，由于没有什么基础，郭德纲只是允许他学习，却没有把他正式纳为弟子。他辞掉了工作来到德云社，当时郭德纲的经济状况也不宽裕，除给他们提供住宿外，每个星期只给他五十元生活费。开始他有些打退堂鼓，毕竟在面馆有一千元的收入，还能留钱寄回家，但在这里几乎没有什么收入。

但是，岳云鹏看过一些相声大师的资料后突然领悟到，如果自己坚持学相声，也许到一定阶段能成为艺术家，但服务员却不能做到老。坚定了信念后，他开始发愤图强，付出比别人多几倍的努力。

一年多后，岳云鹏总算能够像模像样地说几段相声了。但是他首次在茶馆剧场登台，就演砸了。十五分钟的作品，三分钟就被观众轰下台。一下台他就哭了，此后半年多，郭德纲没让他上台表演。

失败后，他虽然留在剧场打杂儿、练功，但内心十分沮丧、害怕。因为当时剧团的几个老演员建议郭德纲辞退他，说他不是这块料，而他最怕的就是被开除。有一天晚上做噩梦，他大声喊：“师傅，别赶我走，我喜欢相声。”

整整学了五年后，岳云鹏终于正式成为郭德纲的弟子。之后，他越干越出色。不仅在经济上有了起色，在北京买了房和车，而且还在京成家，在经济上也给了父母很多帮助。他还登上了春晚的舞台，成了大家喜爱的相声演员。

岳云鹏的成功之路，是一个“草根”通过不断奋斗取得成功的道路。他给我们千万青少年提供了一种信心：在这个时代，只要你奋斗，你也能创造人生的奇迹。

当然，更大的启示在于：

同样是困难，甚至是苦难，对一些人而言，这是导致失败的“绊脚石”，于另外一种人而言，却是通往成功的“奠基石”。

我们要成为生活的强者，就不能害怕困难和挑战。当外在的困难增加时，我们要增加内在的动力。当你选择以更强的姿态去迎接挑战，往往会收获更大的成功。

四、要志气用事，不要意气用事

退步原来是向前。

——唐朝布袋和尚

青少年时期，有时血气方刚，有时心灵脆弱，遇到问题容易冲动，尤其在遭遇挫折的情况下，容易意气用事。其结果往往是伤人伤己。

这时候，一定要学会掌控情绪，多想想这样做的后果，多想想自己的前途，把不顾后果的“意气用事”，变为冷静自控、对前途与命运负责的“志气用事”。

第一，永远警惕“冲动是魔鬼”。

“冲动是魔鬼”是许多人在尝到冲动的后果后的感悟，但往往是后悔莫及，甚至有人连后悔的资格都没有——因为他可能一冲动，连生命都丧失了。

这样的情况，不能不让广大青少年引以为戒。

不久前，我发现青少年被伤害的事情特别严重，写了一本书《孩子，你该如何自我保护》，为此，我阅读了不少媒体报道以及公检法系统披露的真实故事。其中，有许多不该发生的悲剧，都是因为青少年盲目冲动导致。略举几例：

一个学生，因为被人说自己偷东西，为证明自己的清白，他说：“如果我偷东西了，我就把自己的手指砍掉！”对方说：“那你去砍呀！”他就跑到学校的食堂中，拿一把刀，真把自己手指砍掉了。

一位女生，因为总进网吧被父母严厉地批评，于是离家出走，后来被人卖到国外。

一个未成年的男孩，杀了一个女孩。原因是那女孩的男友借了他的钱没还，而他急需用钱，于是找到那女孩要求还钱，被拒后一气之下将那女孩掐死，之后焚尸并逃走，当然四个月后被缉拿归案。

一个成绩本来不错的女中学生，因为老师在班上公开羞辱她，于是留下遗书，从楼上跳下身亡……

所有这些故事，看起来都是别人的错误，当事人都在一定程度上受到了别人的伤害。但是，这些孩子采取这样的极端举动，导致这样的结局，是不是太冲动，也太不负责了呢？

格外让我难忘的，是刊登在《大河报》上的一则新闻，讲的是一位叫小娟的女中学生，因为遭到同学的蔑视与欺凌，于是趁着天黑将硫酸倒在一个女生的脸上，将女生毁容了，而她也受到法律的严惩。

这篇新闻背后是这样一段让人很心酸的内幕：

她家在农村，家徒四壁。本来父亲是不愿意作为女孩的她去读书的，但是妈妈再三央求爸爸，并经常四处借钱让她从小学读到了高中。初中毕业时，她爸爸已经决定让她去打工，偏偏这时候她被县里的重点中学录取了。她爸爸最终还是决定卖掉家中正在养的猪给她做学费。

开学那天，她爸爸对她说："爸没本事，原来不让你上学是怕你是个女孩子上不出个样儿来，你真是有出息了，爸的脸上也有光。三年后考上大学，咱上学的钱也就不白花啦！"她攥着父亲给的几百元钱哭了，不仅为自己能上学，更是为家里的艰辛而泣……

在这个女孩的心中，有一件事格外难忘：有一次，妈妈来给她送生活费，走了好久的山路过来，到了学校已经中午12点多了，可妈妈却坚决不在这里吃午饭，她说："你父亲病了，木材全卖了才凑齐你这月的生活费。我又捡了些柴，还在山上，天太冷，要担回来，快过年了也要用柴。”送走母亲，她怎么也不忍心去吃午饭。

但是，由于她的一时冲动，不仅那个被泼硫酸的女生的一生被毁掉（而且该同学还不是伤害过她的同学，是她一时心慌没有看清），而且全家即使卖掉房子也无法弥补损失，更不要说她本人要为此经受法律的惩罚。这样的结局，她当时为什么就没有想到呢？

这个女生的悲剧，充分说明了一时冲动所付出的代价。可在干出蠢事之前，她完全被一种报复心理主宰着。

那么遇到这种情况该怎么办呢？

首先，要懂得守住人生的底线，不伤害别人的生命，不做逾越法律的事情，就是底线。

同时，一定要有“结果思维”，要明白这样做会给自己、家庭及别人带来的伤害。所谓“敬畏是智慧的开端”，有了对结果的敬畏，就不容易发生这样的事情了。

此外，一定要时刻牢记自己的理想，不要让冲动毁掉理想。这个女生，从小就想读书并考上了重点高中，但是冲动的那一瞬间，已经将自己最重要的人生目标与理想忘掉了，岂不可怕？

我们倡导以“志气用事”战胜“意气用事”，最根本的一条，就是为了远大的理想，一定要避免盲目的冲动。关于这一点，苏东坡在《留侯论》中就有精彩论述：

“古之所谓豪杰之士者，必有过人之节。人情有所不能忍者，匹夫见辱，拔剑而起，挺身而斗，此不足为勇也。天下有大勇者，卒然临之而不惊，无故加之而不怒。此其所挟持者甚大，而其志甚远也。”

好一句“此其所挟持者甚大，而其志甚远也”！这就是要我们学会“志气用事”，当情绪的主人，而不要让情绪当自己的主人啊！

第二，退步原来是向前。

照一般的理解，人生应该是不断向前的。“人往高处走，水往低处流”，这应该也是人生应有的态度。

但是，现实是残酷的。有时，你想直接向前困难重重，你想得到更高的待遇、更大的尊重、更好的回报，却遭遇瓶颈或“天花板”。

这时候，光意气用事没有用。不管你愿不愿意，此时，你最好放平心态，退一步再说。

在这方面，武打影星李连杰有一番难忘的经历。

多年以前，李连杰凭着主演《少林寺》一鸣惊人，之后，又主演了不少好电影，在华人圈里红透半边天。

后来，他去美国好莱坞发展。照理说，他武功好，演技好，又有这么大的影响，好莱坞对这样的人才应该高度重视和重用。但实际上，好莱坞不仅对他知之甚少，而且对华人也歧视，所以有一段时间，根本没有哪家电影公司愿意用他。

终于有一天，一家影视公司考虑让他出演某电影中一个角色。但片酬很低，只有一百万美元，而且是演一个反派角色。李连杰犹豫不决，说自己要经过慎重考虑之后，才能答复。但是，等他答应出演时，对方却改口了，片酬降为七十五万美元。

钱是他考虑的一个因素，但考虑得更多的，可能还是“面子”，是尊重。当时是20世纪90年代，无论是在国内，还是在东南亚电影市场，“李连杰”三个字早已是金字招牌，是最受欢迎的“功夫皇帝”，他出演的每部电影的报酬都远远高于这个数，身段怎么能这样轻易“放下”呢？

但是，尽管感到难以接受，他考虑再三还是决定出演，可是，没想到对方却又“落井下石”：“五十万美元，不演拉倒。”五十万美元，还包括律师、经纪人、宣传公司等各项费用，再扣完税，所剩无几了。

这时，李连杰也很痛快地答应了：“我演。”

就这样，李连杰拍了他的第一部好莱坞影片《致命武器4》，虽然片中巨星云集，但在影片首映当晚，李连杰就获得观众高度评价，成为演员排行榜中的第二名。

奇迹出现了。很快，电影公司的老板就亲自上门，毕恭毕敬地说："下一部片子请您演主角，如何？"而且待遇也很快提高。当他演到第四部好莱坞影片时，片酬就开到了一千七百万美元。

李连杰因此成功地敲开了好莱坞的大门。他谈起往事，感触颇多，念了一首布袋和尚的著名禅诗：

"手把青秧插满田，低头便见水中天；六根清净方为道，退步原来是向前。"

"退步原来是向前"，多么富有哲理的一句话！对一个要学会"志气用事"的人而言，就是要明白：退即进！而放下身段，是为了更加挺拔啊！

五、挫折不是失败，而是重新学习的机会

挫折也有好的一面，它教给我们真理。

——法国政治家、军事家 拿破仑

在追求成长与成功的路上，谁都有可能遭遇挫折。

一些人遭遇挫折，就一蹶不振，认为“完了”，“我不是那块料”，丧失信念与追求，甘于平庸与失败。

与此相反，一些人却明白，挫折并不是世界末日，它不过是自己为成长与成功所交的学费。于是，他们再次树立信心，重新出发，最终圆梦。

第一，要走出“一朝被蛇咬，十年怕井绳”的阴影。

一个人如果遭遇挫折与失败，很容易产生心灵阴影。有句俗话“一朝被蛇咬，十年怕井绳”，讲的就是这种挫败带来的后遗症。

但是，如果要向前发展，就必须和这种阴影和后遗症告别。

如何去告别，首先一定要明确，我们不要因为畏惧挫败而丧失未来。正如著名职业经理人李开复指出的：

“你失败过很多次，虽然你可能不记得。你第一次尝试走路，你摔倒了。你第一次张嘴说话，你说错了。你第一次游泳，你快淹死了。你第一次投篮，你没有投进……

“不要担心失败；需要担心的是如果你畏惧失败，你将丧失机会。”

因为过去栽过跟头就心存畏惧，这就会丧失新的机会，并最终丧失未来。

明白了这一点，就要勇敢面对自己的阴影，越怕什么，就越去面对什么。

我们且看奥运会金牌得主李小鹏是如何“疗伤”的：

李小鹏是中国体操运动员中的佼佼者。在雅典奥运会上，他孤身杀入单项决赛。本来，大家一致认为他拿金牌极有可能。但他先是在跳马项目上助跑时跑错步伐，完成动作后直接坐到了垫子上，仅排第七位。之后，在双杠比赛时，虽然杠上动作完美，但就因落地时的一小步，苛刻的裁判仅打了9.762分。结果他只拿了铜牌。

这一段经历，对他打击很大。后来李小鹏说：

“当时我整个脑子都蒙了，我在洗手间里面坐了很久，后来回国之后都缓不过来，以为自己没有去过雅典，没有去过奥运会。”

李小鹏回忆说：“其实雅典奥运会前我认为自己最大的特点就是自信，甚至可以说是太自信了，教练一直担心会有点过。但是雅典奥运会之后，我不再那么自信，总担心十次动作有九次站不稳。”

之后，他要准备迎接北京奥运会。当时受了伤的他需要治疗，心理更需要重整。这时，他的队友杨威一直鼓励他要勇于向自己的阴影挑战，不要老想着站不稳，而要尽自己最大的努力站稳。

在双杠比赛前夜，杨威很严肃地对他说：“就是要对自己狠一点，一定要狠一点。”李小鹏解释说：“他是说我的下法一定要站稳，因为这是观众、裁判、运动员都能看明白的，不过我的脚伤确实会给我留下阴影，总担心站不稳，但是比赛中如果站不稳，就会被扣0.3分，所以杨威反复告诉我一定要对自己狠一点。”

这种勇于面对自己畏惧的心理，下狠功夫挑战的做法，起到了很明显的效果。8 月 18 日，李小鹏在双杠项目上以 16.450 分毫无争议地夺得了北京奥运会的第二枚金牌，再次书写了自己当之无愧的“双杠王”神话。

在北京奥运会上获得金牌，李小鹏感慨颇深：

“经历了失败，熬过了最艰难的时候，在我心里，这块金牌的分量是所有奖牌中最重的。”

谈及这些年来自己最大的感受，李小鹏说了十个字：

“跌倒爬起来，站得更高点！”

这既是他的人生信条，也是一种有效的心灵疗伤法则。它告诉我们：遭遇失败，我们不要雪上加霜进一步否定自己，而要勇敢地面对自己的恐惧，并且以“站得更高点”的方式，去挑战自己的恐惧。

这样，就能走出“一朝被蛇咬，十年怕井绳”的阴影，创造更辉煌的未来。

第二，情感上拒绝重压，理智上吸取教训。

人遭遇挫败，容易受到伤害的是情感。如果情感经受了太大的打击，就会动摇信心，或者再也不愿去努力，这时候，我们要在情感上拒绝重压。这是为了让自己轻装上阵。

但是，在理智上却要学会接受深刻的教训，找到自己的缺陷并改进。一句话，我们要把挫折当成重新学习的机会。

在这方面，著名职业经理人、曾担任微软全球副总裁、创办创新工场的李开复给我们提供了好的榜样。

在人们印象中，李开复是很会演讲的商业人士。但他并非天生的演说家，曾经有一个阶段，他和人说话都会脸红，演讲更是让他很烦恼和痛苦的事情。

导致他下决心改变自己的，是这样一件事情：

李开复在美国读博士生时，成绩很优秀，而且他用统计学做出的语音识别科研成果，作为博士论文发表在国际期刊上，让全美的科技界震惊。这样一个明星学生可以说是够风光了。

但是，1983年暑假，他经历了不小的挫折。

当时，李开复得到了一份工作——教宾夕法尼亚州六十个最聪明的高中生计算机课程。李开复十分敬业，每天忙碌地备课，还想出各种教学方法。他自认为自己的课程讲得很精彩。

但在领取薪水时，他看到学生对他的评语，却大吃一惊。他们的评价是：“李老师的教学就像催眠曲！”

精心准备、满腔热情讲授的课程，竟然得到这样的评价，这如同一盆凉水泼到他的心上。这对李开复的自尊心，是一次极大的打击。

如果遇到这种情况，许多人会抱怨：“这些学生太不懂得尊重老师的劳动了！”“太不识货了！”“连一点修养也没有！

起码也要给老师留点面子吧！”

然而，李开复并没有任何牢骚和怨恨，反倒带着感恩的心，把问题当成提升自己的契机。他感谢学生们让他看到了自己的盲点和缺点。他进一步认识到：在现代社会，一定要懂得演讲和表达的艺术，为此，自己需要不断练习和改进。

接着，他除了想办法向优秀的演讲者学习外，还拿出具体的改进清单：每个月必须做两次演讲，而且必须要听演讲；在演讲的时候，让朋友旁听，把优点和缺点记录下来；演讲前要排练三次……

他由于不断这样学习和改进，最终成为大家心中“天生的演讲家”。

其实，哪有什么“天生的演讲家”？就他的情况而言，这不过是谦虚向上，不断改进自己的结果。

我们有理由相信：不管是在学习还是在工作中，我们可能像李开复一样，会遭遇这样那样的问题，会遭遇想象不到的失落或挫折。

但是，当我们明白挫折不是失败，放弃才是真正的失败时，我们就会选择坚持。

当我们明白挫折不是失败，而是重新学习的机会的时候，我们就会好好补足自己的“短板”，重新飞翔，并会飞得更高、更好！